ADMINISTRAÇÃO
DA TEORIA À PRÁTICA PARA O SUCESSO

Dados Internacionais de Catalogação na Publicação (CIP)
(Simone M. P. Vieira - CRB 8ª/4771)

Neto, Roberto Cunha
Administração : da teoria à prática para o sucesso / Roberto Cunha Neto. – São Paulo : Editora Senac São Paulo, 2021.

Bibliografia.
ISBN 978-65-5536-713-3 (Impresso/2021)
e-ISBN 978-65-5536-714-0 (ePub/2021)
e-ISBN 978-65-5536-715-7 (PDF/2021)

1. Serviços administrativos 2. Serviços comerciais : Rotinas básicas 3. Serviços administrativos e comerciais : Habilidades profissionais 4. Serviços administrativos e comerciais : Tendências e perspectivas I. Título.

21-1310t
CDD – 658.1
BISAC BUS000000

Índice para catálogo sistemático
1. Administração : Serviços administrativos   658.1

Roberto Cunha Neto

ADMINISTRAÇÃO
DA TEORIA À PRÁTICA PARA O SUCESSO

Editora Senac São Paulo – São Paulo – 2021

**ADMINISTRAÇÃO REGIONAL DO SENAC
NO ESTADO DE SÃO PAULO**

Presidente do Conselho Regional
Abram Szajman

Diretor do Departamento Regional
Luiz Francisco de A. Salgado

Superintendente Universitário e de Desenvolvimento
Luiz Carlos Dourado

EDITORA SENAC SÃO PAULO

Conselho Editorial
Luiz Francisco de A. Salgado
Luiz Carlos Dourado
Darcio Sayad Maia
Lucila Mara Sbrana Sciotti
Luís Américo Tousi Botelho

Gerente/Publisher
Luís Américo Tousi Botelho

Coordenação Editorial
Verônica Pirani de Oliveira

Prospecção
Dolores Crisci Manzano

Administrativo
Verônica Pirani de Oliveira

Comercial
Aldair Novais Pereira

Edição e Preparação de Texto
Heloisa Hernandez

Coordenação de Revisão de Texto
Marcelo Nardeli

Revisão de Texto
Studio Ayres Produções Gráficas

Coordenação de Arte e Capa
Antonio Carlos De Angelis

Editoração Eletrônica
Veridiana Freitas

Ilustração da Capa
Adobe Stock Photos

Coordenação de E-books
Rodolfo Santana

Impressão e Acabamento
Arte Impressa

Editora Senac São Paulo
Av. Engenheiro Eusébio Stevaux, 823 – Prédio Editora
Jurubatuba – CEP 04696-000 – São Paulo – SP
Tel. (11) 2187-4450
editora@sp.senac.br
https://www.editorasenacsp.com.br

© Editora Senac São Paulo, 2021

SUMÁRIO

NOTA DO EDITOR	7
PREFÁCIO	9
AGRADECIMENTOS	11
APRESENTAÇÃO	13
PARTE 1 – TRABALHANDO COMO PROFISSIONAL DE ADMINISTRAÇÃO	15
1. O que é administração e qual a sua importância?	19
A Revolução Industrial e a divisão do trabalho 20	
Principais teorias administrativas 23	
2. Onde trabalha o profissional de administração?	33
Estrutura organizacional 35	
Cultura organizacional 38	
Lições corporativas! 41	
3. Rotinas básicas do profissional de administração	43
Departamento de Recursos Humanos 44	
Departamento Financeiro 52	
Departamento de Marketing e Vendas 60	
Departamento de Produção e Logística 72	
PARTE 2 – ATIVIDADES ADMINISTRATIVAS NO COMÉRCIO	83
4. A evolução do comércio	87
5. Transações comerciais	91
Canais de distribuição 94	
6. Principais rotinas nos serviços comerciais	99
Planejamento 100	
Abordagem 101	
Negociação 101	
Fechamento 102	
Pós-venda 103	
PARTE 3 – DOMINANDO AS HABILIDADES HUMANAS PARA DESEMPENHAR SERVIÇOS ADMINISTRATIVOS E COMERCIAIS COM EXCELÊNCIA	107
7. Proatividade	111
8. Comunicação	115
9. Trabalho em equipe	123
10. Alta produtividade	131
Planejamento e organização 133	
Gestão do tempo 135	
Execução do trabalho 138	
11. Atitude sustentável, ética e cidadã	143
Sustentabilidade 143	
Ética 145	
Cidadania 148	

PARTE 4 – DOMINANDO AS HABILIDADES TÉCNICAS PARA
DESEMPENHAR SERVIÇOS ADMINISTRATIVOS E COMERCIAIS COM EXCELÊNCIA   **151**

12. Análise SWOT (matriz FOFA)   **155**
    Quando usar? 156
    Como usar? 156

13. Modelo de negócios Canvas   **163**
    Canvas × Plano de Negócios 164
    Quando usar? 165
    Como usar? 166

14. Ciclo PDCA   **177**
    Quando usar? 177
    Como usar? 178

PARTE 5 – O FUTURO DA ADMINISTRAÇÃO   **183**

15. Tendências do mercado de trabalho   **187**
    Flexibilidade 187
    Autonomia 189
    Automação 190
    Sustentabilidade 193
    Diversidade 196

16. Perspectivas de carreira   **199**

17. Empreendedorismo   **207**
    Principais conceitos e classificações 207
    Por que empreender? 208
    O perfil do empreendedor 210
    Planejamento e capacitação 212
    Abertura de empresa 214
    Inovação constante 219

Glossário   **221**

Referências   **225**

NOTA DO EDITOR

Em um cenário de incertezas, como o que vivemos atualmente, marcado pela pandemia da Covid-19, é importante não só estudarmos a teoria, mas termos uma visão panorâmica do mercado e dos campos de atuação profissional, para podermos pensar em nossa carreira e perspectivas futuras. Conhecer nossas aptidões e perfis profissionais requisitados também ajuda nessa escolha e aperfeiçoamento de competências.

Nesse sentido, *Administração: da teoria à prática para o sucesso*, de Roberto Cunha Neto, mostra-se uma publicação necessária, por aportar ao profissional desse setor aspectos conceituais e práticos da administração, com dados atualizados do mercado e recursos didáticos que facilitam a assimilação de conteúdo, por parte do leitor.

Além disso, essa publicação do Senac São Paulo tem como objetivo estimular o desenvolvimento de habilidades humanas e técnicas, valorizando um amplo aspecto formativo do profissional, em sua integração com o mercado.

PREFÁCIO

Qual a diferença entre a escola e a vida?

Na escola, você aprende uma lição e espera-se que você passe na prova. Na vida, você passa por uma prova e espera-se que você aprenda a lição!

Esse conceito resume bem a importância de unir a teoria com a prática, pois o conhecimento teórico sem a prática é frequentemente inócuo e sem proveito, enquanto a prática sem o embasamento teórico não tem alicerce e muitas vezes não se sustenta. Portanto, o ideal é extrair o melhor dos dois mundos – teoria e prática – em perfeita simbiose, para podermos maximizar os resultados esperados.

O autor de *Administração: da teoria à prática para o sucesso*, Roberto Cunha Neto, ostenta um invejável currículo, que inclui uma base sólida em teoria, corroborada pelo bacharelado na Escola de Administração de Empresas de São Paulo – Fundação Getulio Vargas (EAESP-FGV), mestrado na Escuela Diplomática de Madrid e Instituto de Relações Internacionais da Universidade de São Paulo (IRI-USP), e doutorado na Faculdade de Economia, Administração e Contabilidade da Universidade de São Paulo (FEA-USP), além de uma carreira de sucesso, desenvolvendo a prática em organizações como KPMG, Unilever, ONU e SEBRAE-SP, somada a consultorias e gestão de projetos em empresas como Sony e Honda. Tais aspectos proporcionam ao leitor uma rica fonte para adquirir uma base sólida de conhecimento, além dos exemplos reais de como aplicar essa teoria na prática, incluindo *hard skills* e *soft skills*, para obter sucesso em gestão empresarial.

No meu papel como *headhunter*, tenho me deparado com poucos executivos e empreendedores que poderia definir como "completos", ou seja, que tenham uma mescla saudável de *know-how* com o *actually do it,* pois um profissional só pode se dizer realizado quando pauta sua vida sobre três pilares:

- *aquele que não sabe... e pergunta;*
- *aquele que sabe... e ensina;*
- *aquele que ensina... e pratica!* (ou, em inglês: *walk the talk!*)

A propósito, quantas pessoas em lugares de destaque que você conhece seguem efetivamente essa coerência? Acredito que a liderança não é uma questão ou função de *status* nem de título, nem de herança, nem de bravata, nem de conhecimento... mas sim de credibilidade, de influência, de maestria, de sabedoria, de atitude, de ação.

Portanto, exerça sua liderança com sabedoria (a máxima riqueza que temos) e com responsabilidade (que não quer dizer apenas *dever* ou *obrigação,* mas sim *dar resposta às suas habilidades,* ou seja, *realizar o seu potencial!*).

Então, caro leitor, aproveite as lições e exemplos deste livro, começando por ser líder de si próprio!

Robert Wong
Fundador, sócio e CEO
da Robert Wong Consultoria Executiva

AGRADECIMENTOS

À minha família.

APRESENTAÇÃO

Toda a teoria deve ser feita para poder ser posta em prática, e toda a prática deve obedecer a uma teoria. Só os espíritos superficiais desligam a teoria da prática, não olhando a que a teoria não é senão uma teoria da prática, e a prática não é senão a prática de uma teoria.

(PESSOA, 1926)

Muitas pessoas afirmam que os cursos de administração são muito teóricos e que os alunos não conseguem ter uma formação que se adeque à realidade vivida nas organizações. Teoria sem aplicação prática não tem valor, mas prática sem teoria implica um processo de tentativa e erro, até se encontrar o caminho! O objetivo do presente livro é oferecer conhecimento teórico aos profissionais de administração e mostrar como pôr em prática tal conhecimento, aplicando-o às mais diversas situações! Esperamos, assim, aproximar cada vez mais a academia e o setor privado.

PARTE 1

TRABALHANDO COMO
PROFISSIONAL DE
ADMINISTRAÇÃO

Toda grande caminhada começa com um simples passo!

(frase atribuída a Buda)

Nossa jornada sobre o profissional de administração e os serviços administrativos começa pela definição de administração, sua evolução histórica e por que ela é essencial para o sucesso de uma organização. Em seguida, vamos falar sobre o local onde esse trabalho é realizado: a organização. Nesta seção, você irá aprender o que é uma organização, como ela pode ser classificada e os tipos de estruturas e culturas organizacionais que existem. Ao final da parte 1, conheceremos as principais áreas funcionais de uma empresa e as respectivas rotinas básicas de trabalho que um profissional de administração pode desempenhar em cada área. Assim, criamos a base para conhecer o papel do profissional de administração, e você irá ver o quão importante e desafiador é o trabalho que você escolheu!

1. O QUE É ADMINISTRAÇÃO E QUAL A SUA IMPORTÂNCIA?

Definir administração é um bom ponto de partida para entender melhor sobre o assunto. Vários pensadores, autores e especialistas se propuseram ao desafio de defini-la. Jules Henri Fayol, considerado por muitos como o fundador da teoria clássica de administração, associou-a às atividades de "**prever**, **organizar**, **comandar**, **coordenar** e **controlar**" (1990). Para Peter Ferdinand Drucker (1990), pai da administração moderna, "administração é simplesmente o **processo** de **tomada de decisão** e o **controle** sobre as ações dos indivíduos, para o expresso propósito de **alcance** de **metas** predeterminadas". E, para Idalberto Chiavenato (1993), um dos autores brasileiros mais conhecidos e respeitados na área de administração e recursos humanos, com sua visão pós-moderna, administração significa "**criar condições** ideais de solidariedade para que as pessoas possam se ajudar mutuamente e **gerar valor** e riqueza **de modo eficiente e eficaz**".

É natural que o conceito de administração varie entre os autores e que ela tenha evoluído ao longo do tempo. Mas veja que algumas palavras e ideias se repetem! Com base nas definições apresentadas, é possível identificar as quatro funções administrativas básicas, que são: planejar, organizar, dirigir e controlar.

A atividade de planejar inclui definir objetivos claros, analisar o cenário no qual a organização se encontra e decidir a melhor forma para alcançar os objetivos desejados. Já a função de organizar requer avaliar os recursos (humanos, materiais, financeiros) disponíveis e organizá-los de forma a obter os melhores resultados. A função dirigir, por sua vez, corresponde a liderar, coordenar, motivar e conduzir a organização na execução dos planos para que sejam cumpridos a fim de atingir os objetivos. Por fim, a função de controlar implica verificar se os objetivos estão sendo atingidos dentro dos prazos estabelecidos e definir ações corretivas necessárias caso os objetivos não estejam sendo alcançados. A figura 1 a seguir ilustra as funções administrativas ao longo do processo de gestão.

Figura 1 – Recursos, funções administrativas e objetivos.

Agora que você já sabe um pouco mais sobre as funções de gestão, vale a pena parar e olhar pelo retrovisor para acompanhar a evolução histórica da administração e analisar as principais teorias administrativas. Dessa forma, conseguiremos entender como chegamos onde estamos hoje no campo da administração e qual a sua importância para a sociedade.

A Revolução Industrial e a divisão do trabalho

Desde o começo da civilização humana, pessoas já usavam algumas formas de gestão para realizar suas tarefas do dia a dia. Em quase todas as civilizações antigas, é possível notar a influência da administração. Foram encontrados na Suméria[1], por volta de 5.000 a.C., registros históricos que descrevem ações de compra e venda de alimentos. Outras grandes realizações humanas, como a construção das pirâmides do Egito, da Muralha da China, do Coliseu, em Roma, e do Taj Mahal, na Índia, também não teriam sido possíveis sem boas habilidades de administração.

---

[1] Suméria era o nome dado à região entre os rios Tigre e Eufrates, onde atualmente estão localizados os países Irã e Iraque.

Mas a verdade é que antes da Revolução Industrial (1760-1840) pouco existia daquilo que reconhecemos como atividades administrativas além de algumas práticas que podiam ser observadas em igrejas, no exército, no comércio, na construção e na agricultura. Ou seja, o desenvolvimento da administração como conhecemos hoje é um conceito relativamente moderno e foi a Revolução Industrial que acendeu o debate sobre a teoria da administração!

Até o século XVIII, o processo produtivo de roupas, sapatos, ferramentas, etc., era artesanal (manual). Um artesão sozinho conseguia confeccionar apenas poucos metros de tecido por dia. Com a invenção do motor a vapor (ícone da Revolução Industrial), a capacidade produtiva foi multiplicada! Com esse aumento da produtividade, as pessoas começaram então a ter acesso aos tecidos de modo mais rápido e barato. Esse método de manufatura usando máquinas a vapor começou na Europa (principalmente na Inglaterra), mas ocorreu também em outras partes do mundo. Além disso, a tecnologia do motor a vapor permitiu que processos produtivos automatizados e muito mais eficientes se espalhassem e contribuíssem para rápidos avanços em outras indústrias, como a do aço, elétrica e automotiva. Você bebe água potável? Revolução Industrial! Você tem eletricidade? Revolução industrial! Você dirige um carro? Revolução Industrial! Ou seja, a Revolução Industrial gerou um aumento na produção proporcionado pelo uso de máquinas e caracterizado pelo uso de novas fontes de energia.

Os três principais componentes da Revolução Industrial:
1. máquinas (a vapor e depois elétricas);
2. transporte (barco a vapor e ferrovias);
3. comunicação (telégrafo, telefone e rádio).

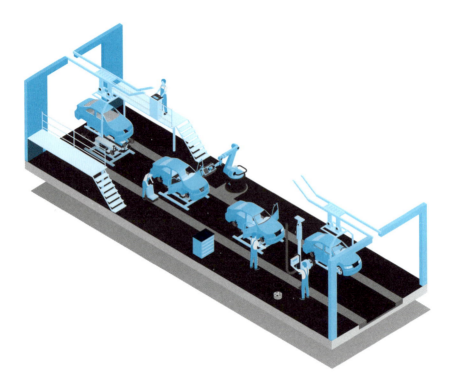

Figura 2 – Linha de montagem automotiva. Fonte: Freepik

A partir desse momento, características da sociedade industrial, como fumaça saindo pelas chaminés das fábricas, pessoas mudando do campo para a cidade (urbanização) e ferrovias tornaram-se cada vez mais comuns. E com o avanço da Revolução Industrial junto aos novos meios de produção, as organizações cresceram mais do que nunca, deixando de ser compostas apenas por algumas dúzias de trabalhadores, mas sim por centenas e até milhares de funcionários. E com o objetivo de agilizar e simplificar as tarefas, cada trabalhador começou a se especializar em apenas uma pequena parte do processo de produção. Surgia assim a **divisão do trabalho**, em que um processo de trabalho é separado em um número de tarefas, sendo cada tarefa executada por uma pessoa diferente. Afinal, quem monta um carro mais rápido? Uma única pessoa responsável por todas as tarefas do processo ou um grupo de pessoas em uma linha de produção organizada, sendo cada uma responsável por montar uma parte do carro?

> **PARA PENSAR...**
>
> O CONCEITO DE DIVISÃO DO TRABALHO PODE SER APLICADO A UM TIME DE FUTEBOL? À PRODUÇÃO DE UM FILME DE HOLLYWOOD? NA SUA CASA?

Mas apesar da Revolução Industrial e da divisão do trabalho terem acelerado o processo de fabricação e tornado as mercadorias mais acessíveis à população, coordenar essas grandes organizações corporativas tornou-se um desafio bastante complexo! Os donos das empresas começaram a depender de profissionais de administração para focar na execução desses processos de produção em massa e encontrar soluções para planejar o fluxo de trabalho, organizar processos, gerenciar as pessoas e controlar a qualidade. Com o passar do tempo, o conhecimento sobre o que funcionava e o que não funcionava na administração dessas organizações foi sendo acumulado e convertido em teorias administrativas, com diversos conceitos de gestão que usamos até hoje.

> **PERGUNTA...**
>
> TENTE IMAGINAR COMO SERIA SUA VIDA SEM NENHUMA MÁQUINA TRABALHANDO PARA VOCÊ. FAÇA UMA LISTA DAS MÁQUINAS QUE VOCÊ POSSUI NA SUA CASA OU ONDE VOCÊ TRABALHA.

Principais teorias administrativas

A era da industrialização e o surgimento das grandes organizações corporativas exigiu, como vimos, novas abordagens de administração que deram origem à criação de teorias administrativas. Vamos conhecer agora algumas das principais teorias administrativas elaboradas ao longo da história da administração, conforme ilustra a figura 3 e que com certeza contém informações úteis, que vão ajudar você no seu trabalho e na sua vida!

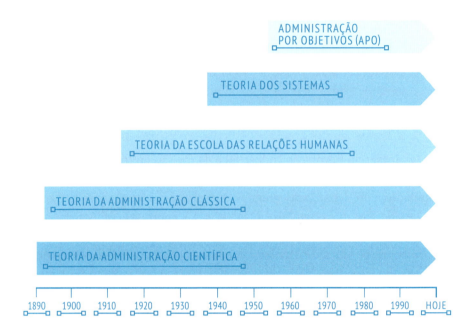

Figura 3 – Linha do tempo das teorias administrativas.

Administração Científica

Frederick Taylor (1856-1915) foi um engenheiro mecânico norte-americano que viveu durante a Revolução Industrial. Ele trabalhou como funcionário em empresas, tornou-se consultor independente e foi o primeiro a tentar transformar a administração em uma ciência. Em 1903, escreveu seu primeiro livro sobre teorias administrativas, o que o tornou conhecido como o pai da administração científica. Em essência, sua teoria propõe simplificar os trabalhos, pois simplificar as tarefas melhora a produtividade! Em sua busca constante pela eficiência no processo de produção, Taylor sugeriu que a administração deveria adotar os seguintes princípios:

- usar métodos científicos para determinar a forma mais eficiente de completar uma tarefa. Por exemplo, cronometrando tempos e movimentos para executar tarefas e estabelecendo um tempo-padrão, tornando assim cada movimento previsível (racionalização da produção);

- selecionar funcionários com as habilidades necessárias para a função que vão desempenhar;
- definir funções e responsabilidades dentro da empresa, sendo que os gerentes devem planejar e os trabalhadores somente executar (hierarquia rígida);
- atrelar os salários dos trabalhadores à produção, assim o empregado se mantém motivado a sempre aumentar a sua produtividade, fazendo com que a empresa alcance melhores resultados.

A teoria de Taylor teve forte influência sobre Henry Ford, fundador da empresa de automóveis Ford, que aplicou esses princípios na linha de produção do modelo de carro Ford T e, com suas inovações produtivas, tornou possível fabricar um carro a cada 98 minutos.

Administração Clássica

O engenheiro francês Henri Fayol (1841-1925), que administrou durante anos uma grande empresa mineradora de carvão e chegou a ter mil funcionários, defendia princípios semelhantes aos de Taylor. Mas, diferente de Taylor, que estava mais focado na produção, Fayol se preocupava mais com as rotinas administrativas e desenvolveu catorze princípios de gestão que ele acreditava que todo líder deveria seguir. Analise-os e discuta com seus colegas se esses princípios se aplicam hoje, e como:

1. **divisão do trabalho**: a especialização dos trabalhadores com base em suas habilidades para criar uma força de trabalho mais efetiva.
2. **autoridade e responsabilidade**: os trabalhadores devem obedecer às ordens do seu líder.
3. **disciplina e obediência**: estabelecimento de normas e condutas de trabalho para todos os funcionários.
4. **unidade de comando**: o empregado deve receber ordens de apenas um superior.
5. **unidade de direção**: todos empregados, independentemente de suas tarefas, devem trabalhar em direção a um objetivo único.

6. **prevalência dos interesses coletivos**: os interesses gerais da corporação devem prevalecer sobre os interesses individuais dos funcionários.

7. **empresas devem recompensar adequadamente seus funcionários**: a remuneração deve ser suficiente para garantir a satisfação dos funcionários.

8. **deve existir hierarquia**: deve existir uma cadeia clara de comando a seguir, do líder até os subordinados.

9. **equilíbrio na tomada de decisão**: as atividades cruciais e a autoridade para sua realização devem ser centralizadas e funcionários devem ser capazes de tomar decisões que afetam seu trabalho (descentralização).

10. **ordem**: gestores devem prestar atenção às condições do ambiente de trabalho e garantir que esteja limpo e organizado.

11. **equidade**: todos os funcionários devem ser tratados como iguais, independentemente de suas posições dentro da organização (justiça).

12. **iniciativa**: funcionários devem sentir-se confortáveis em compartilhar suas ideias, o que os torna mais engajados com a organização.

13. **estabilidade dos funcionários**: a empresa deve trazer as pessoas certas para as tarefas e deve garantir que o trabalho seja distribuído de forma justa entre os funcionários para reduzir sua rotatividade, uma vez que ela tem consequências negativas para a organização.

14. **trabalho em equipe**: o trabalho deve ser feito em conjunto e o líder deve manter alta a moral da equipe, e criar confiança entre os funcionários (cultura organizacional).

É possível observar que tanto Fayol como Taylor estavam preocupados em profissionalizar a função administrativa, ou seja, ambos queriam que as atividades administrativas fossem racionais e objetivas para que a empresa fosse dirigida de forma mais eficaz.

Reúna-se com seus colegas de classe e conversem sobre a diferença entre eficiência, eficácia e efetividade, discutindo como os princípios vistos até o momento contribuem para que as empresas sejam mais eficientes, eficazes e efetivas.

Escola das Relações Humanas

Apesar de serem muito importantes, você deve ter notado que as teorias administrativas apresentadas até o momento não levavam em conta o fator humano. Todas tinham como premissa que o dinheiro era o fator que mais influenciava o desempenho dos funcionários e não se preocupavam com assuntos que, atualmente, são comuns, como satisfação no trabalho, motivação de colaboradores, clima organizacional, entre outros.

Os empresários estavam mais preocupados com o resultado da produção e seus próprios lucros... então, quando não havia demanda, estocavam o excedente de produção e demitiam os funcionários, o que deu início a um ciclo vicioso: menos emprego, menos consumo e menor produção, que levava a menos emprego. Essa situação resultou na queda do valor das ações na Bolsa de Valores, o que culminou na Crise de 1929, com a quebra da Bolsa de Valores de Nova York.[2]

Esse contexto fez com que o governo norte-americano adotasse uma política intervencionista na economia e começassem a surgir assuntos ligados à proteção dos trabalhadores, como a criação do salário-mínimo, o limite diário máximo de número de horas trabalhadas, o seguro social e a legalização dos sindicatos. Mas as mudanças não pararam por aí: a preocupação com os trabalhadores também ganhou espaço no campo da administração, uma vez que o esquema econômico de produção anterior à crise de 1929 gerou muitas distorções e conflitos entre empresas e empregados.

A Escola das Relações Humanas ganhou notoriedade e seguidores durante o período da grande depressão norte-americana, ocorrido após a quebra da Bolsa de Nova York, por considerar os aspectos humanos do trabalho. Elton Mayo (1880-1949), o principal teórico dessa escola, analisou durante cinco anos os trabalhadores da fábrica da Western Electric, em Hawthorne, Chicago, focando nas condições do ambiente de trabalho e como elas afetavam a produtividade.

Mayo propôs variar a iluminação do ambiente, as pausas e a jornada de trabalho, enquanto mantinha outros elementos constantes. Como a produtividade aumentava tanto no grupo experimental quanto no grupo de controle, chegou-se à conclusão de que os fatores físicos influen-

---

[2] A quebra da Bolsa de Nova York ocorreu em 24 de outubro de 1929.

ciavam menos na produção do que os emocionais. Mayo avançou então com seus estudos e identificou que relacionamentos funcionavam como um motivador-chave para os funcionários. As pessoas se tornavam mais produtivas quando trabalhavam como parte de um time. Dessa forma, ele conseguiu provar que as pessoas certas nos times certos geravam um aumento na produtividade!

A descoberta de Mayo introduziu novos pressupostos sobre o comportamento humano, que precisavam ser considerados pelos administradores:

- **entender o ser humano em sua totalidade:** os aspectos sociológicos, psicológicos e emocionais são mais importantes que os técnicos. O papel da integração em um grupo é essencial para a saúde psicoemocional dos funcionários, e a administração deve conciliar os interesses da empresa aos dos trabalhadores para ser bem-sucedida;

- **considerar os trabalhadores nas decisões administrativas:** a participação de funcionários no processo decisório é fundamental. O trabalhador é um ser pensante que deve ser avaliado segundo um controle de resultados, mas não precisa estar sujeito a uma supervisão estrita, principalmente no que se refere ao modo como realiza a tarefa;

- **evitar a alienação no trabalho:** atividades simples e repetitivas são negativas para a motivação do trabalhador. As tarefas devem ser estimulantes, incentivando o funcionário a se interessar pela produtividade e pela qualidade do que desenvolve.

Reúna-se com seus colegas de classe e pesquise na internet sobre rankings das melhores empresas para se trabalhar. Quais fatores são considerados para ranquear as empresas? Busque também pesquisas que avaliam os benefícios corporativos (vale transporte, vale alimentação, assistência médica, participação nos lucros, bonificação por desempenho, seguro de vida, horário flexível, trabalhar parte do tempo em casa, etc.) mais desejados pelos colaboradores. Você concorda com os resultados que encontrou?

Teoria dos Sistemas

O biólogo Ludwig von Bertalanffy (1901-1972) desenvolveu um trabalho no final da década de 1930 que se provou muito aplicável na área de administração (além de ter mostrado que a interdisciplinaridade é extremamente rica!). Ele comparou empresas a organismos vivos. Assim como o corpo humano é o conjunto de órgãos, músculos, ossos e suas demais partes, a maioria das empresas é constituída por diversos departamentos, que, por sua vez, são compostos por pessoas. Essa comparação também permitiu que ele extraísse as seguintes conclusões, apresentadas na tabela 1:

TABELA 1. COMPARAÇÃO ENTRE ORGANISMOS VIVOS E ORGANIZAÇÕES	
ORGANISMOS VIVOS	**ORGANIZAÇÕES**
Se um órgão ou músculo parar de funcionar ou não funcionar direito, o corpo inteiro sofre.	Se um departamento (ou às vezes até uma pessoa) não cumprir sua função adequadamente, toda a organização sofre.
O meio ambiente pode afetar e até matar um organismo vivo, se ele não se adaptar.	Fatores externos, como a concorrência, podem eliminar a empresa, se ela não mantiver sua competitividade.
Um órgão precisa da combinação certa com as demais partes do corpo para ser um organismo eficiente.	Departamentos trabalhando de forma coordenada contribuem para uma organização mais eficiente.

A partir dessa comparação, ele argumentou que todos os sistemas são resultado da soma de suas partes! Portanto, uma empresa não deve ser analisada somente pelo estudo de suas partes. É necessário entender a interação entre seus diversos departamentos (órgãos), sua relação com fatores externos, como seus clientes, concorrentes, governo, entre outros, para investigar a atuação da empresa desde uma perspectiva sistêmica.

Administração por Objetivos (APO)

A teoria da Administração por Objetivos foi desenvolvida pelo guru da administração Peter Drucker (1909-2005). Trata-se de um modelo de gestão estratégica muito prática, que busca melhorar o desempenho da organização por meio do alinhamento entre os objetivos da organização e dos funcionários. Em sua essência, o princípio básico dessa teoria determina a definição conjunta de objetivos e a ênfase na mensuração e no controle dos resultados. Para funcionar, o modelo deve cumprir os seguintes requisitos:

- objetivos são definidos junto aos funcionários;
- objetivos devem ser SMART, acrônimo que significa: "S", de específico; "M", de mensurável; "A", de atingível; "R", de realista e "T", de temporal;
- objetivos precisam ser desafiadores e motivar a equipe;
- devem haver recompensas por atingir os objetivos estabelecidos;
- estímulo ao crescimento e ao desenvolvimento, e não punição.

Agora vamos ver na figura 4 os cinco passos que a organização deve seguir para pôr em prática esse modelo de gestão:

Figura 4 – Ciclo do processo de administração por resultados.

Ao incluir os colaboradores na formulação dos objetivos, busca-se o encorajamento da participação e o comprometimento entre os colaboradores e, consequentemente, a melhoria no desempenho da empresa.

Agora que já entendemos o conceito de administração, viajamos no tempo para aprender sobre a história da administração e discutimos as principais teorias administrativas, podemos ver que a administração não é um elemento essencial apenas para as organizações, mas também faz parte da nossa vida, do nosso dia a dia. Toda organização, em qualquer nível, precisa de administração, seja uma pequena família, uma igreja, uma escola, uma ONG, uma grande empresa ou até mesmo o Governo. E a não ser que seja bem administrada, uma empresa dificilmente conseguirá sobreviver em um ambiente de rápida transformação como o mundo dos negócios. Como diria Peter Drucker (2009): "Sem instituição não há administração, mas sem administração não há instituição".

2. ONDE TRABALHA O PROFISSIONAL DE ADMINISTRAÇÃO?

A organização é o local de trabalho do profissional de administração. Em essência, a organização refere-se a um grupo de pessoas que trabalham juntas para atingir um objetivo comum. A empresa, por sua vez, é uma organização que realiza uma atividade particular, pública ou de economia mista, visando produzir e oferecer bens e/ou serviços. Existem três setores econômicos em que as empresas podem atuar:

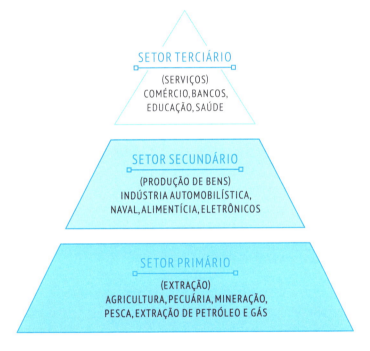

Figura 1 – Estrutura setorial de uma economia.

- **Setor primário** – extrai e cultiva matérias-primas. As empresas nesse setor fazem parte da primeira etapa da cadeia de produção. Esse setor inclui atividades como agricultura, pecuária, pesca, mineração e extração de petróleo e gás.

- **Setor secundário** – transforma as matérias-primas em produtos acabados ou manufaturados. As empresas do setor secundário compram matérias-primas do setor primário e vendem produtos acabados para o setor terciário, apoiando assim os outros dois setores. Como exemplo, temos as empresas da indústria automobilística, que compra minérios do setor primário para fabricar automóveis e vender para concessionárias do setor terciário.

- **Setor terciário** – comercializa produtos e serviços para o consumidor. É composto por empresas que vendem produtos, tais como supermercados, floriculturas, farmácias e também por empresas que oferecem serviços, como hotéis, restaurantes, seguradoras, construtoras, hospitais, bancos e agências de propaganda, entre outras.

Além da divisão setorial, as empresas podem ser classificadas de acordo com seu tamanho. No Brasil, o Banco Nacional de Desenvolvimento (BNDES) adotou a classificação de uma organização em relação ao seu tamanho com base no faturamento, conforme mostra o quadro 1:

QUADRO 1. PORTE DAS EMPRESAS CONFORME FATURAMENTO	
CLASSIFICAÇÃO	**RECEITA OPERACIONAL BRUTA ANUAL OU RENDA ANUAL**
Microempresa	Menor ou igual a R$ 2,4 milhões.
Pequena empresa	Maior que R$ 2,4 milhões e menor ou igual a R$ 16 milhões.
Média empresa	Maior que R$ 16 milhões e menor ou igual a R$ 90 milhões.
Média-grande empresa	Maior que R$ 90 milhões e menor ou igual a R$ 300 milhões.
Grande empresa	Maior que R$ 300 milhões.

Fonte: BNDES (2018)

Mas o porte das empresas também pode ser classificado segundo o número de colaboradores, como propõe o Serviço Brasileiro de Apoio às Micro e Pequenas Empresas (Sebrae) e o Instituto Brasileiro de Geografia e Estatística (IBGE) no quadro 2, a seguir:

QUADRO 2. PORTE DAS EMPRESAS SEGUNDO O NÚMERO DE COLABORADORES		
CLASSIFICAÇÃO	**COMÉRCIO E SERVIÇOS**	**INDÚSTRIA**
Microempresa (ME)	Até 9 colaboradores	Até 19 colaboradores
Pequena empresa (EPP)	10 a 49 colaboradores	20 a 99 colaboradores
Média empresa	50 a 99 colaboradores	100 a 499 colaboradores
Grande empresa	100 ou + colaboradores	500 ou + colaboradores

Fonte: Sebrae (2013).

É importante lembrar que o critério de classificação do porte da empresa por número de colaboradores não possui fundamentação legal. Portanto, para fins legais, vale o previsto na legislação do Simples (Lei 123, de 15 de dezembro de 2006).

A relevância das micro e pequenas empresas (MPE) na economia brasileira está aumentando continuamente, como indicam os números: há 6,4 milhões de estabelecimentos no Brasil, sendo 99% micro e pequenas empresas (MPE). As MPE empregam 52% dos trabalhadores com carteira assinada (16,1 milhões) no setor privado e, atualmente, já representam 30% do PIB do país. Além disso, segundo pesquisa realizada pelo Sebrae e FGV, as MPE são responsáveis por 53% do PIB gerado pelas atividades de comércio, apresentando muitas oportunidades de trabalho. (ASN, 2020)

Estrutura organizacional

Conforme a organização cresce, torna-se difícil deixar que ela funcione organicamente com as pessoas e os grupos tomando decisões sem uma coordenação. Surge então a necessidade de as empresas colocarem ordem e organizarem o trabalho, a fim de que continuem crescendo com eficiência e aproveitem da melhor forma possível seus recursos humanos. Nesse sentido, as empresas passaram a se estruturar com diferentes níveis de hierarquia e gestão, dando origem às estruturas organizacionais, em geral representadas por organogramas.[1]

---

[1] O primeiro organograma moderno foi atribuído ao superintendente geral ferroviário Daniel McCallum, que em 1855 fez um diagrama representando a estrada de ferro de Nova York & Erie, a fim de demonstrar a aplicação da administração sistemática na ferrovia.

A estrutura organizacional representa o padrão das relações entre os vários componentes de uma empresa. Esse padrão é definido por meio de regras, funções e responsabilidades. É essa estrutura que determina como será a comunicação entre os níveis da organização, os procedimentos, os controles, a hierarquia e os processos decisórios para atingir os objetivos corporativos. Por exemplo, em uma estrutura centralizada, as decisões fluem do topo da hierarquia para baixo, enquanto em uma estrutura descentralizada o poder de decisão é distribuído entre os vários níveis da organização.

Ao longo da história, foram surgindo diferentes tipos de estruturas organizacionais. Elas evoluíram das pequenas empresas, em que a gestão era mais informal, e grandes empresas, com estruturas verticalizadas, rígidas e altamente centralizadas, até estruturas com abordagens mais horizontais (ou achatadas), que valorizam contribuições de todos os níveis da organização. Confira no quadro 3 alguns exemplos de estruturas organizacionais, das mais verticais às mais horizontais, e suas respectivas características.

Conforme a empresa cresce em tamanho e complexidade das suas operações, a estrutura organizacional precisa ser revisada e adaptada às novas necessidades, tornando-a dinâmica. Uma estrutura eficiente resultará em um melhor desempenho da empresa para alcançar seus objetivos.

ATIVIDADE EM GRUPO...

REÚNA-SE COM SEUS COLEGAS DE CLASSE. JUNTOS, ESCOLHAM UMA EMPRESA (RESTAURANTE, HOTEL, ETC.) E DEFINAM QUAL A MELHOR ESTRUTURA ORGANIZACIONAL PARA ELA. ELABOREM O ORGANOGRAMA DESSA ESTRUTURA.

DICA!

Conhecer o organograma da empresa é importante, pois te ajudará a entender de forma simplificada o funcionamento da rotina interna da organização. Também permitirá a você saber a quem se reportar diante de problemas. Além disso, auxiliará você a entender o plano de carreira que a empresa oferece, ou seja, para onde você pode crescer e quais cargos pode almejar! O organograma costuma ser fixado em murais da empresa ou estar presente no manual de qualidade ou ainda na intranet.

TRABALHANDO COMO PROFISSIONAL DE ADMINISTRAÇÃO

QUADRO 3. TIPOS DE ESTRUTURA ORGANIZACIONAL

LINEAR

Características:
- Aspecto piramidal
- Autoridade linear ou única
- Centralização das decisões
- Formalidade na comunicação

MATRICIAL

Características:
- Aspecto piramidal
- Dupla subordinação
- Interdependência das áreas
- Ambiente participativo

REDE

Características:
- Aspecto circular
- Controle descentralizado
- Poucos níveis hierárquicos
- Informalidade

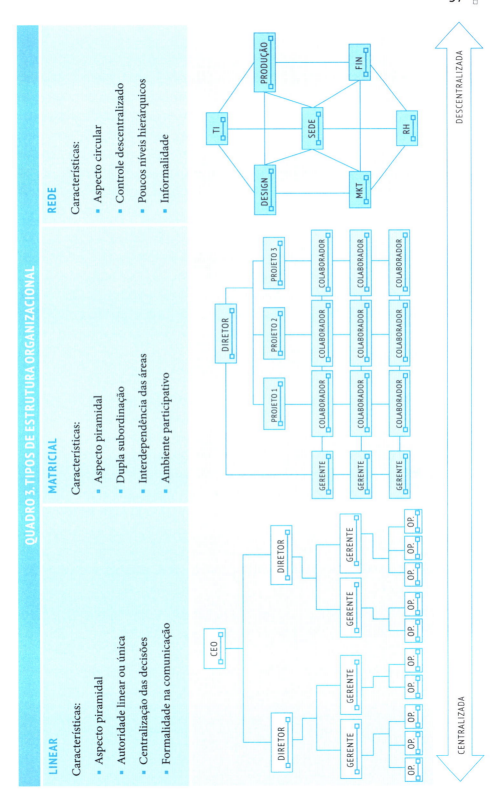

Cultura organizacional

Quando falamos de cultura, estamos tratando de um conjunto de crenças, premissas, valores, normas, comportamentos e padrões de linguagem compartilhados pelos membros de um grupo. As diferenças culturais entre países, por exemplo, podem ser pequenas ou grandes. Negociar com uma cultura diferente pode ser bem desafiador! Enquanto em algumas culturas é muito importante conhecer melhor um ao outro antes de os negócios começarem, em outras é aceitável começar a negociar imediatamente, afinal "tempo é dinheiro".

Se você gosta desse tema, vale assistir à série *Emily in Paris*, da Netflix, em que uma jovem americana é enviada para uma recém-adquirida firma francesa e o choque cultural aparece com frequência ao longo de todos os episódios. Atenção, *spoiler*! Uma cena que chama a atenção é a que Emily (personagem principal) está em uma festa e começa a falar sobre negócios com um cliente e sua chefe francesa lhe dá uma bronca, pois considera um absurdo falar sobre negócios em um momento de lazer... a chefe diz: "Vocês vivem para trabalhar, nós trabalhamos para viver!"

Assim como os países, todas as empresas também possuem sua própria cultura. Componente crítico de qualquer organização, a cultura é, de forma simplista, o modo como as coisas são feitas dentro da empresa e como os colaboradores interagem entre si. Mais especificamente, a cultura organizacional é um sistema de normas[2] e valores[3] compartilhados (escritos e não escritos) que guiam as atitudes e comportamentos dos colaboradores e influencia como eles reagem ao seu ambiente. A cultura de uma empresa será refletida no código de vestimenta, no layout do local de trabalho, no processo seletivo, na forma de tratar os clientes, na jornada de trabalho e na política de benefícios para os colaboradores, entre muitos outros aspectos da organização.

Entre os tipos de culturas organizacionais mais conhecidos estão: cultura de tarefas (*clan*), cultura dos papéis (*adhocracy ou adaptative*), cultura do

---

[2] Normas comportamentais são comportamentos comuns transmitidos socialmente, ou seja, passados de um colaborador para o outro.
[3] Valores compartilhados estão em um nível intermediário da cultura e consistem nas crenças comuns aos membros da empresa, desde os líderes aos colaboradores. Os valores persistem ao longo do tempo de forma muito mais arraigada do que as normas comportamentais. Missão, propósito, visão e filosofia, por exemplo, são valores compartilhados pelas pessoas que guiam suas condutas dentro da organização.

poder (*hierarchy*) e cultura de pessoas (*market*). Cada uma varia de acordo com o foco, podendo ser mais voltada para dentro da organização (foco interno) ou para fora (externo), assim como varia com relação ao ambiente, que pode ser mais estável e controlado ou mais flexível. Veja a seguir as principais características dessas quatro culturas organizacionais e um resumo delas, apresentado na figura 2.

Cultura de tarefas – Foco em mentoria, trabalho em equipe e estruturas organizacionais com grande flexibilidade, que encorajam a participação dos colaboradores.

Cultura de papéis – Foco em dinamismo, valoriza a mudança e o empreendedorismo, aceita correr riscos e aprecia a inovação (buscam sempre fazer primeiro).

Cultura de poder – Foco em estrutura, hierarquia, controle e coordenação. Valoriza a eficiência, a estabilidade e o poder é concentrado no fundador (alta centralização).

Cultura de pessoas – Foco na valorização dos talentos, orientação para resultados e cumprimento da missão, valoriza a competição e as conquistas (de objetivos).

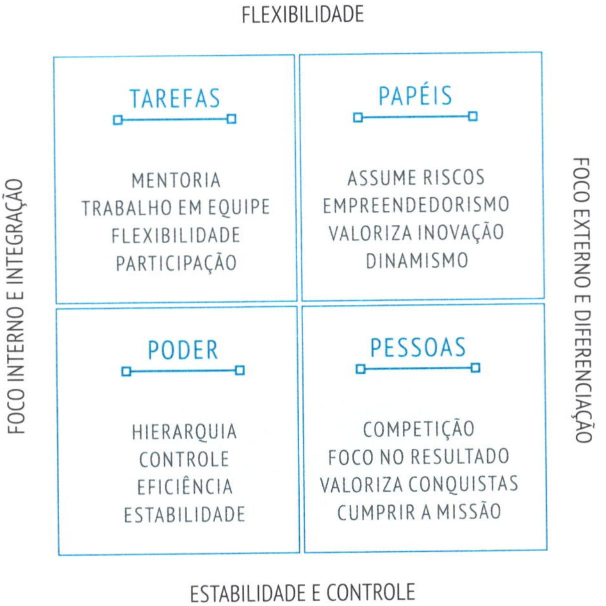

FLEXIBILIDADE

TAREFAS	PAPÉIS
MENTORIA TRABALHO EM EQUIPE FLEXIBILIDADE PARTICIPAÇÃO	ASSUME RISCOS EMPREENDEDORISMO VALORIZA INOVAÇÃO DINAMISMO
PODER	PESSOAS
HIERARQUIA CONTROLE EFICIÊNCIA ESTABILIDADE	COMPETIÇÃO FOCO NO RESULTADO VALORIZA CONQUISTAS CUMPRIR A MISSÃO

FOCO INTERNO E INTEGRAÇÃO — FOCO EXTERNO E DIFERENCIAÇÃO

ESTABILIDADE E CONTROLE

Figura 2 – Culturas organizacionais.

> **PARA PENSAR...**
>
> EM QUAL DOS QUATRO TIPOS DE CULTURA ORGANIZACIONAL DA FIGURA 2 SE ENQUADRA O GOOGLE, COM BASE NO FILME "OS ESTAGIÁRIOS" (*THE INTERNSHIP*, EM INGLÊS)? SE VOCÊ AINDA NÃO ASSISTIU, FICA AQUI A RECOMENDAÇÃO!

É interessante ressaltar que a cultura organizacional é dinâmica, ou seja, ela pode (e, muitas vezes, deve!) se modificar ao longo do tempo. A mudança da cultura organizacional é motivada por inúmeros fatores, internos e externos. Essa mudança pode ser voluntária, quando a empresa apresenta um bom desempenho, mas busca naturalmente melhorar o que já está bom e evitar determinados danos. Porém, também pode ser involuntária, motivada quando a empresa já está passando por dificuldades e deixa de apresentar bons resultados. Independentemente de ser voluntária ou involuntária, o fato é que o conjunto de valores, crenças, normas e comportamentos da sociedade muda, e com isso há uma redefinição do modo como as empresas conduzem seus negócios.

Lições corporativas!

Figura 3 – A mamãe camelo e o seu bebê (charge). Fonte: Barros (2019).

Moral da história: Habilidades, conhecimentos e experiência são úteis apenas se você estiver no lugar certo!

PARA PENSAR...

COM BASE NO SEU PERFIL E NOS SEUS OBJETIVOS PROFISSIONAIS, QUAIS ORGANIZAÇÕES INTERESSAM A VOCÊ? ELAS SÃO DE PEQUENO OU DE GRANDE PORTE? EM QUAL SETOR DA ECONOMIA ELAS SE ENQUADRAM? QUAL O TIPO DE ESTRUTURA E CULTURA ORGANIZACIONAL QUE VOCÊ SE ADAPTA MELHOR? É NORMAL TER DÚVIDAS! SE ESSE FOR O SEU CASO, PENSE EM UM PLANO QUE IRÁ AJUDAR VOCÊ A TOMAR SUAS DECISÕES. CONVERSE COM PESSOAS QUE TRABALHAM EM EMPRESAS NAS QUAIS VOCÊ ACREDITA QUE GOSTARIA DE TRABALHAR E CONFIRA NA INTERNET O RELATÓRIO ANUAL DA REVISTA *FORTUNE* SOBRE AS **100 MELHORES EMPRESAS PARA TRABALHAR** – NADA COMO BUSCAR OPORTUNIDADES PARA EXPERIMENTAR E TIRAR SUAS PRÓPRIAS CONCLUSÕES. DESCUBRA COM QUAIS ORGANIZAÇÕES VOCÊ TEM UM MELHOR MATCH, PARA NÃO SE SENTIR COMO UM "CAMELO NO ZOOLÓGICO".

3. ROTINAS BÁSICAS DO PROFISSIONAL DE ADMINISTRAÇÃO

Como vimos no capítulo anterior, as organizações podem se estruturar de diversas maneiras. É muito comum que as empresas se organizem em áreas ou departamentos funcionais,[1] que podem variar dependendo do tipo de negócio em que a empresa atue, mas as principais áreas costumam ser: Recursos Humanos[2], Financeiro, Marketing & Vendas e Produção & Logística. Cada departamento tem a sua função dentro da empresa e é responsável por um conjunto de atividades desempenhadas pelos seus respectivos *staffs* (equipes).

É importante que o profissional de administração conheça e esteja preparado para atuar em cada uma dessas áreas. Por essa razão, o curso de administração busca proporcionar uma formação abrangente, com conhecimentos básicos que permitam ao estudante trabalhar em diversas áreas – e inclusive empreender! Isso propiciará uma visão holística da empresa, possibilitando que seja entendida como um todo e suas partes (departamentos), e como cada uma depende da outra. Assim, você enxergará que mudanças em uma parte podem afetar as demais – por exemplo, uma modificação importante na política de vendas poderá afetar a produção, as finanças e as pessoas da empresa, por isso é imprescindível avaliar esse impacto antes de realizar a mudança.

Vamos agora conhecer a responsabilidade e a importância de cada uma dessas quatro áreas, bem como aprender sobre as principais atividades que suas respectivas equipes desempenham. Além disso, serão vistos e explicados alguns conceitos, ferramentas, tecnologias e documentos adotados por essas áreas. Dessa forma, você conhecerá melhor o ambiente real de uma empresa e estará preparado para lidar com os desafios que surgirem nas funções que irá ocupar. Vale lembrar que terá uma visão geral, mas naturalmente você poderá decidir especializar-se em alguma área, aprofundando seu conhecimento de acordo com seus objetivos profissionais.

---

[1] Áreas funcionais são agrupamentos de processos ou espaços de administração dos recursos dentro de seu ciclo de vida que, juntos, possibilitam que os objetivos e a missão da empresa sejam atingidos.

[2] Os nomes atribuídos às áreas ou departamentos funcionais podem mudar entre as empresas. No caso de Recursos Humanos, por exemplo, esse departamento também é chamado em algumas empresas de "Gestão de Pessoas" ou até só "Pessoas". Buscou-se usar neste livro os nomes mais comuns atribuídos a essas áreas e o importante é que as principais funções estarão presentes nas empresas, independentemente do nome do departamento.

Departamento de Recursos Humanos

Também conhecido como Departamento Pessoal ou Gestão de Pessoas, o Departamento de Recursos Humanos (RH) é um dos ativos mais importantes da empresa, pois é responsável pelas **pessoas**, e as pessoas representam o coração da empresa! A gestão de pessoas tem sido cada vez mais valorizada, pois diversos estudos têm demonstrado o quanto um trabalho de qualidade dessa área influencia, diretamente, a melhora coletiva da organização e de uma série de indicadores, tais como: aumento da produtividade, da motivação, do engajamento e redução do absenteísmo e da rotatividade dos colaboradores.

A gestão dos colaboradores dentro das empresas envolve um universo de responsabilidades que vai muito além do apenas recrutar, treinar e calcular as folhas de pagamento. Os profissionais dessa área desempenham atividades que vão desde tarefas burocráticas, como o controle da frequência dos colaboradores, até tarefas estratégicas, como o gerenciamento do clima organizacional, avaliação de desempenho, entre outras. Em geral, as atividades dos setores de recursos humanos podem ser organizadas e agrupadas em quatro grandes processos: recrutamento e seleção, administração de pessoal, gestão de pessoas e saúde e segurança do trabalho. Vamos conhecer melhor esses processos e as principais atividades que abrangem.

Cada corporação organiza a área de recursos humanos da maneira que lhe for mais conveniente. Em algumas empresas, o processo de recrutamento e seleção é separado dos processos de gestão de pessoas, mas em empresas de menor porte o mesmo profissional ou time costuma ser responsável por esses dois processos. É importante ressaltar que, para definir e estruturar os cargos da empresa, bem como os salários e política de benefícios para cada posição, o departamento de recursos humanos deverá consultar o departamento financeiro para adequar a necessidade de pessoal de acordo com orçamento disponível.

Processo de recrutamento e seleção

Principais atividades:

- definir e estruturar os cargos da empresa;
- mapear os cargos que necessitam de profissionais;
- definir salários e política de benefícios para cada posição;
- criar a descrição do cargo;
- analisar os requisitos para a função;
- preparar o anúncio da vaga;
- divulgar a vaga nos lugares certos;
- conduzir testes e/ou entrevistas;
- selecionar o candidato adequado.

Um documento muito importante para o processo de recrutamento e seleção é o formulário que contém a descrição do cargo. Esse documento deve ser preenchido com atenção e detalhar todas as informações sobre o cargo, tais como a qual departamento ele pertence, a quem está subordinado, qual o objetivo do cargo, quais as principais responsabilidades do trabalho executado por quem está no cargo, entre outras. A partir desse documento, devem ser analisados os requisitos para quem for ocupar o cargo, os quais por sua vez servirão de referência para o processo de seleção. Ou seja, a descrição do cargo é a base para identificar quais as habilidades técnicas e humanas são necessárias para o profissional que for desempenhar a função. Confira na figura 1 um exemplo de modelo de formulário de descrição do cargo.

FORMULÁRIO DE DESCRIÇÃO DO TRABALHO

Descrição do cargo		
Cargo:		Data:
Responsável por:	Status emprego:	
	Regular	☐
Departamento:	Temporário	☐
	Tempo integral	☐
Nome do supervisor/Título:	Meio expediente	☐
	Estagiário	☐
	Hor. regul. trabalho	
	Isento ☐	Não isento ☐

A descrição do cargo é feita para descrever o trabalho que é organizado e executado por um funcionário totalmente qualificado (que possua os conhecimentos, habilidades e experiência exigidas para a posição). Deve-se ter em arquivo para cada posição regular a meio-expediente e tempo integral. Anexar uma cópia da última descrição preparada para essa posição.

Quando foi a última vez que a descrição desse cargo foi atualizada? Data:

Qual é a total finalidade e objetivo desse cargo (por que o cargo existe)?

Liste em ordem de importância as principais responsabilidades do trabalho e a estimativa da porcentagem de tempo gasto em cada responsabilidade (a principal função do trabalho pode ou não ser aquela onde a maior parte do tempo é gasto).

		%
1.		%
2.		%
3.		%
4.		%
5.		%
6.		%
	Total:	100 %

Esta posição é rigorosamente, moderadamente ou minimamente supervisionada? Por favor, explique:

Figura 1 – Modelo de formulário de descrição do cargo.

Processo de administração de pessoal

Principais atividades:

- calcular as folhas de pagamento (horas extras, benefícios, etc.);
- controlar as férias;
- revisar os contratos de trabalho e auxílios;
- agendar os exames admissionais e demissionais;
- entregar as obrigações referentes às legislações trabalhistas;
- controlar a frequência dos colaboradores.

Como vimos, a equipe que cuida desse processo é responsável por todas as atividades administrativas relacionadas a pessoal, como conferência do ponto eletrônico, cálculo da folha de pagamento, controle e gerenciamento de benefícios, além da entrega com exatidão e dentro do prazo das obrigações referentes às legislações trabalhistas, tais como: eSocial, GFIP, CAGED, RAIS, CAT, CTPS, PPP, GPS, entre outros documentos. Note que a atividade de efetuar os pagamentos e recolhimentos relacionados à folha de pagamento não foi incluída na lista de atividades. Essa responsabilidade pode, sim, ser da área de recursos humanos, mas, dependendo da empresa, pode recair sobre a área financeira que fica responsável por efetivamente pagar os encargos sociais e comprar os benefícios, entre outros pagamentos.

Não há dúvidas de que calcular a folha de pagamentos dos colaboradores está entre as principais atividades dessa equipe. Afinal, valores incorretos podem resultar em ações trabalhistas, além de gerar insatisfação entre os colaboradores. Algumas empresas optam por terceirizar essa atividade de cálculo da folha de pagamento; outras contam com *softwares* específicos para calcular o pagamento dos colaboradores, as férias, o décimo terceiro salário, etc. Mas as empresas também podem usar o Excel como ferramenta para realizar essa atividade. Veja na tabela 1 a seguir um exemplo de folha de pagamento elaborada em uma planilha Excel que a área de recursos humanos envia ao financeiro para programar o pagamento dos colaboradores na data correta.

TABELA 1. MODELO DE FOLHA DE PAGAMENTO

FOLHA DE PAGAMENTO

Funcionários	Salário-base	Vendas do mês	Comissão das vendas (10%)	Salário bruto	Adiantamento (40%)	Vale-transporte (6%)	INSS	Alimentação	Total do descontos	Salário líquido
João	R$ 1.000	R$ 5.250	R$ 525	R$ 1.525						
Maria	R$ 1.000	R$ 6.500	R$ 650	R$ 1.650						
Pedro	R$ 1.000	R$ 3.400	R$ 340	R$ 1.340						

Processo de gestão de pessoas

Principais atividades:

- planejar treinamentos para desenvolvimento dos colaboradores;
- avaliar o desempenho (performance) dos colaboradores;
- aplicar pesquisa de clima organizacional;
- fazer ações de endomarketing para manter a equipe motivada;
- avaliar promoções (meritocracia) e movimentações de pessoal;
- realizar o processo de integração dos contratados (*onboarding*).

A equipe que controla o processo de gestão de pessoas é responsável então pelo treinamento e desenvolvimento, pela avaliação de desempenho e pela pesquisa de clima organizacional, entre outras atividades estratégicas para a empresa. Para que os colaboradores aprimorem constantemente suas habilidades, é fundamental, por exemplo, oferecer treinamentos. O programa de treinamento pode ser oferecido internamente ou pode ser conduzido por agências externas especializadas. O resultado de um bom treinamento costuma ser colaboradores mais seguros e competentes para exercer melhor suas funções. Mas, para isso, a área de recursos humanos deve avaliar e acompanhar o desempenho de cada colaborador, a fim de determinar quando e o que eles precisam para melhorar sua atuação na empresa.

A avaliação de desempenho dos colaboradores é essencial, porque ela fornecerá informações para definir melhor o programa de treinamento e ao mesmo tempo servirá de base para analisar promoções e movimentações de pessoal. Uma vendedora, por exemplo, pode estar vendendo dez peças de roupa por mês, enquanto deveria vender cem ou mais. Para identificar, entender e reduzir essa diferença entre a quantidade de venda real e a esperada, é necessária a avaliação. Há diferentes modelos de avaliação de desempenho, que pode ser realizada pelo próprio departamento de recursos humanos ou conduzida por ele – o modelo 360 graus é um dos mais usados. Nesse caso, o profissional é analisado por diversos pontos de vista, obtendo feedback (retorno) de superiores, pares, subordinados e até clientes mais próximos. Analise o modelo de avaliação de desempenho apresentado na figura 2.

AVALIAÇÃO DE DESEMPENHO

Funcionário:		Data de contratação:	
Cargo:	Salário:	Data de revisão:	Próxima:
Avaliação de desempenho	**Forte/Fraco**	**Comentário**	
Trabalho em grupo			
Cumprimento de prazos			
Habilidades organizacionais			
Habilidades comunicacionais			
Capacidade de liderança			
Interação com colegas de trabalho			
Presença			
Qualidade do trabalho			
Comentários do empregador			
Objetivos			

Assinatura do empregador

Figura 2 – Modelo de avaliação de desempenho.

Processo de saúde e segurança do trabalho

Principais atividades:

- estudar a legislação trabalhista e garantir que ela seja seguida;
- avaliar e melhorar as condições de trabalho;
- prevenir acidentes e doenças ocupacionais;
- zelar pelo bem-estar físico e mental do trabalhador;
- acompanhar programas de qualidade de vida;
- educar as pessoas sobre a saúde e a segurança no trabalho;
- manter contato e fornecer auxílio técnico aos membros da CIPA.*

*CIPA: Comissão Interna de Prevenção de Acidentes.

Fonte: NR5 – CIPA (2019)

O processo de saúde e segurança do trabalho (SST) é fundamental para a qualidade de vida, saúde e prevenção de riscos nas empresas. Esse processo, na maioria dos casos, precisa de profissionais específicos como: auxiliar em enfermagem do trabalho, enfermeiro do trabalho, engenheiro de segurança do trabalho, médico do trabalho e técnico de segurança do trabalho. Por isso, em empresas mais estruturadas, os profissionais de SST podem atuar dentro do departamento de recursos humanos ou ter um setor separado. Já nas empresas menores é comum que as atividades sejam de responsabilidade do RH. Tudo varia de acordo com o porte, a cultura organizacional e a própria estrutura de cada empresa.

Agora que conhecemos um pouco melhor a área de recursos humanos, podemos ver que esse setor, que era limitado a realizar processos operacionais e a seguir obrigações trabalhistas, vem se tornando cada vez mais estratégico. Ao longo do tempo, esse departamento passou a assumir novas responsabilidades na gestão das pessoas dentro da empresa, contribuindo diretamente para que ela alcance melhores resultados. Por essa razão, o departamento tem adquirido cada vez mais relevância no apoio à tomada de decisões-chave das organizações.

Departamento Financeiro

A área financeira é responsável pela gestão dos recursos econômicos da empresa, por isso é considerada um dos pilares mais importantes de uma organização. Essa importância fica ainda mais clara quando identificamos que, dos 60%[3] das empresas que fecham suas portas após cinco anos de atividade, muitas delas poderiam ser salvas com controle de custos, domínio financeiro e um olhar atento para as métricas e os números que envolvem a saúde financeira do negócio. Por isso, toda empresa deve contar com um bom departamento financeiro para controlar a entrada e a saída dos seus recursos, gerir contas e impostos, desenvolver um planejamento financeiro e divulgar os resultados dela, demonstrando se obteve lucro ou prejuízo com suas operações.

Diferentemente de outros departamentos, é interessante notar que o financeiro estabelece um elo com cada setor dentro da empresa. O time financeiro interage com as demais áreas para, por exemplo, programar os pagamentos de compras realizadas e alinhar e controlar os investimentos de cada setor, entre outras atividades relacionadas aos recursos financeiros. Afinal, ele precisa garantir que esses recursos sejam alocados de forma eficiente aos demais setores (produção, marketing, RH, etc.) da empresa, a fim de que eles possam cumprir suas respectivas funções e trazer o melhor retorno possível.

Em geral, o departamento financeiro responde diretamente para a diretoria, uma vez que todas as decisões estão profundamente alinhadas à necessidade de capital para o investimento. A estrutura da área de finanças pode variar, dependendo do tamanho da empresa e de suas necessidades, mas suas funções básicas são: contabilidade, tesouraria e planejamento financeiro. Como você pode observar, todas as funções estão relacionadas a dinheiro! Confira na figura 3 as funções básicas da área de finanças e as atividades mais importantes que fazem parte da rotina de cada uma delas.

---

[3] Dado do Instituto Brasileiro de Geografia e Estatística (IBGE), divulgado pelo *Valor Econômico*, em 2017.

Figura 3 – As funções básicas da área de finanças.

Contabilidade

A contabilidade é responsável pelas rotinas do setor financeiro que têm a ver com as variáveis do patrimônio da empresa. Isso consiste em organizar, documentar e analisar todos os ativos (como suas mercadorias, equipamentos, dinheiro, imóveis) e os seus passivos (como pagamentos e financiamentos). A partir de toda essa documentação e análise de dados é que a contabilidade calcula o lucro ou o prejuízo do negócio. Essa função também tem como responsabilidade garantir o melhor pagamento de tributos possível, identificando, por exemplo, o melhor regime tributário para a empresa.

Entre as principais atividades dessa função está a elaboração das demonstrações financeiras, que são os relatórios que apresentam o desempenho financeiro da empresa em um intervalo de tempo. A partir desses relatórios é possível avaliar a saúde financeira atual da empresa, bem como seu resultado em relação ao que havia sido previamente planejado. Por esse motivo, os registros contábeis de uma empresa são uma ferramenta de extrema importância, oferecendo dados para a tomada de decisão sempre que isso envolve dinheiro. Os relatórios mais utilizados são: balanço patrimonial, demonstrativo de fluxo de caixa e demonstração de resultado do exercício.

O balanço patrimonial é um relatório gerado com base na análise do patrimônio de ativos e passivos da empresa. O demonstrativo de fluxo de caixa (DFC), por sua vez, fornece a visão financeira de entradas e saídas do caixa. Já a demonstração do resultado do exercício (DRE) consiste em um relatório que confronta os dados das receitas e das despesas do negócio, mostrando os resultados operacionais e não operacionais da empresa durante um determinado exercício financeiro. É uma ferramenta importante que auxilia o administrador a entender o impacto de cada gasto sobre as contas e saber se a organização está tendo lucro ou prejuízo. Veja na figura 4 os dados e as sequências de cálculo da demonstração para você aprender a fazer a leitura da DRE. Dessa forma, você poderá visualizar a saúde do negócio, o que vai lhe ajudar na hora de tomar decisões.

(+)	Receita de Vendas	1
(−)	Deduções e Impostos	2
(=)	Receita Líquida	
(−)	Custo dos Produtos Vendidos	3
(=)	Lucro Bruto	
(−)	Despesas	4
(=)	Resultado antes do IRPJ e CSLL	
(−)	IRPJ e CSLL	5
(=)	Resultado Líquido	

(1) **Receita de vendas:** incluir todas as vendas (produtos e/ou serviços) realizadas pela empresa.

(2) **Deduções e Impostos:** excluir deduções, como as vendas canceladas, devoluções e descontos concedidos (quando ocorrerem) e impostos devidos, exceto IRPJ e a CSLL.

(3) **Custo dos Produtos Vendidos:** excluir todo o valor investido para comprar e vender a mercadoria que será revendida ou para prestar o serviço ao cliente.

(4) **Despesas:** excluir todos os gastos (que não são custos) necessários para a manutenção da atividade da empresa, como conta de luz, internet, aluguel, entre outros.

(5) **IRPJ e CSLL:** excluir o Imposto de Renda de Pessoa Jurídica (IRPJ) e a Contribuição Social sobre o Lucro Líquido (CSLL) que incidem diretamente sobre o lucro das empresas, exceto aos optantes do Simples Nacional, uma vez que nesse regime tributário eles incidem sobre a receita bruta.

Figura 4 – Sequência de cálculos da DRE. Adaptado de Málaga (2019).

Tesouraria

É na tesouraria que o controle financeiro acontece. O objetivo dessa função é manter as contas organizadas (entradas e saídas), garantindo o funcionamento constante do negócio e evitando prejuízos em curto e longo prazo. Isso significa, por exemplo, fazer a gestão de contas a pagar, controlando o consumo e o pagamento de fornecedores, evitando que pagamentos sejam esquecidos, o que pode acarretar juros e multa. Também inclui controlar as contas a receber, ou seja, verificar se os clientes da empresa honraram com suas obrigações e realizar a conciliação bancária diária para conferir no extrato a entrada de todos os valores previstos para o período, garantindo assim um fluxo de caixa saudável para a empresa.

Entre as principais responsabilidades da tesouraria está também a gestão e projeção do fluxo de caixa. Aliás, um dos maiores erros das empresas é justamente descuidar do fluxo de caixa, e muitos negócios no Brasil quebram por conta disso. O fluxo de caixa é uma ferramenta que a tesouraria utiliza em sua rotina para realizar diariamente o controle da movimentação financeira, ou seja, da entrada e saída de valores. Com essa ferramenta, é possível saber exatamente qual valor a empresa tem a pagar com as obrigações assumidas, quais valores ela tem a receber e, por fim, qual será o saldo disponível naquele momento, que nada mais é do que a diferença entre os recebimentos e os pagamentos, conforme mostra a tabela 2.

TABELA 2. MODELO DE FLUXO DE CAIXA

FLUXO DE CAIXA

Nome da empresa	Janeiro	Fevereiro	Março	Abril	Maio	Junho
Saldo inicial de caixa	R$ 10.000,00	-R$ 5.500,00	-R$ 5.500,00	-R$ 5.500,00	-R$ 5.500,00	-R$ 5.500,00
RECEITAS (+)	R$ 5.000,00	R$ -	R$ -	R$ -	R$ -	R$ -
Vendas	R$ 5.000,00	R$ -	R$ -	R$ -	R$ -	R$ -
Serviços	R$ -	R$ -	R$ -	R$ -	R$ -	R$ -
Outros	R$ -	R$ -	R$ -	R$ -	R$ -	R$ -
DEDUÇÕES (–)	R$ -	R$ -	R$ -	R$ -	R$ -	R$ -
Deduções de vendas	R$ -	R$ -	R$ -	R$ -	R$ -	R$ -
Abatimentos	R$ -	R$ -	R$ -	R$ -	R$ -	R$ -
Impostos e contribuições	R$ -	R$ -	R$ -	R$ -	R$ -	R$ -
CUSTOS (–)	R$ 10.500,00	R$ -	R$ -	R$ -	R$ -	R$ -
Custo A	R$ -	R$ -	R$ -	R$ -	R$ -	R$ -
Custo B	R$ -	R$ -	R$ -	R$ -	R$ -	R$ -
Custo C	R$ -	R$ -	R$ -	R$ -	R$ -	R$ -
Custo D	R$ -	R$ -	R$ -	R$ -	R$ -	R$ -
Custo E	R$ 10.500,00	R$ -	R$ -	R$ -	R$ -	R$ -
DESPESAS (–)	R$ 10.000,00	R$ -	R$ -	R$ -	R$ -	R$ -
Salários e ordenados	R$ -	R$ -	R$ -	R$ -	R$ -	R$ -
Pró-labore	R$ 10.000,00	R$ -	R$ -	R$ -	R$ -	R$ -
Saldo final de caixa (=)	-R$ 5.500,00	R$ 5.500,00	-R$ 5.500,00	R$ 5.500,00	R$ 5.500,00	R$ 5.500,00

Se o saldo do fluxo de caixa for negativo, significa que a empresa tem gastos a mais do que suas receitas, o que acende um alerta para rever os gastos ou tentar conseguir aumentar a entrada de dinheiro. Por outro lado, se o saldo for positivo, isso mostra que a empresa tem disponibilidade financeira. Por isso, é importante lançar nessa ferramenta entradas e saídas realistas na hora de fazer a projeção do fluxo de caixa, para não ter problemas com a disponibilidade de caixa da empresa no futuro. E lembre-se também de que para uma boa gestão de fluxo de caixa é necessário garantir registros detalhados e sem erros das entradas e saídas, garantindo uma análise precisa para os gestores.

Planejamento financeiro

Assumindo uma posição extremamente estratégica, nessa função o departamento financeiro tem como uma de suas principais atividades planejar o orçamento da empresa para um determinado período, estimando os recursos financeiros necessários para ela alcançar seus objetivos. Em algumas empresas, a área financeira possui a controladoria ou um departamento específico de planejamento financeiro para assumir essa função. No entanto, nem todas as empresas possuem um departamento separado para isso. Sendo assim, em muitas organizações essa função é atribuída a uma pessoa da área financeira.

Planejar é uma arte que envolve refletir sobre o futuro. Não existe apenas um método de se planejar, mas todos eles têm alguns pontos em comum. A elaboração do planejamento financeiro deve ser iniciada listando no orçamento todos os possíveis gastos que serão feitos em curto prazo, ou seja, aqueles que ocorrerão ao longo de um ano de atividade da empresa. Para isso, se a empresa já existe há mais de um ano, é comum usar como base o histórico dos dados organizados nas demonstrações financeiras preparadas pela contabilidade. Caso contrário, será preciso pensar sobre todos os desembolsos que a empresa terá durante seu primeiro ano de funcionamento. Nessa situação, é importante ser bem detalhista, para não incorrer no erro de subestimar esses gastos.

A construção de um bom orçamento também depende dos *inputs* de todas as áreas funcionais da empresa. Por isso, durante a elaboração do orçamento, é essencial que a pessoa que estiver fazendo o planejamento converse com as áreas de recursos humanos, marketing e vendas, administração, etc., para que todos possam dar suas contribuições para incluir no orçamento e alinhar os gastos tendo em vista as metas orçamentárias. A área de marketing e vendas deverá chegar a um acordo com o responsável pelo planejamento financeiro sobre o orçamento que terá disponível, por exemplo, para alcançar a meta de R$ 10 milhões de faturamento ao fim do ano. Trata-se, portanto, de um trabalho conjunto do financeiro com as demais áreas da empresa.

Além de contemplar informações das demonstrações financeiras e de todas as áreas da empresa, o orçamento também tem de levar em conta dados sobre o cenário macroeconômico (como juros, inflação, câmbio, entre outros). O responsável pelo planejamento financeiro consegue identificar essas tendências usando como base as projeções econômicas que encontra, por exemplo, no site do Banco Central (Bacen). A partir desses dados deverão ser realizados os ajustes finais no orçamento. Dessa forma a empresa saberá o que será necessário investir, em curto ou longo prazo, para atingir as metas previamente definidas.

Uma vez elaborado o orçamento, a equipe que integra o planejamento financeiro deve começar a gerenciá-lo. Isso significa que o financeiro terá de comparar os gastos que estão sendo efetivamente realizados em relação ao que foi planejado e analisar as eventuais diferenças que aparecerem. Esse acompanhamento é muito importante para garantir que nenhuma área estoure o seu orçamento, ou seja, que não gaste mais do que o combinado. É também fundamental para entender se o orçamento está sendo suficiente para a empresa alcançar suas metas e, se for o caso, fazer os ajustes necessários.

No entanto, não é somente o orçamento que o time de planejamento financeiro tem de monitorar. Ele também deve acompanhar a evolução do resultado realizado da empresa e compará-lo com o resultado esperado, o qual é definido com base no planejamento das metas de receita, menos os gastos planejados no orçamento. Isso nada mais é do que comparar o lucro ou o prejuízo realizado com o que lucrou ou o prejuízo planejado. Essa análise é interessante, por exemplo, no caso de empresas mais novas, para monitorar o *break-even point* – ou "ponto de equilíbrio", em português. Atingir o break-even significa que a empresa igualou o total das receitas ao total dos gastos, ou seja, as receitas conseguiram pagar os gastos, o que é um sinal de que o negócio está mais próximo de se tornar seguro e lucrativo, conforme mostra a figura 5. Vamos supor que com base no planejamento financeiro, a empresa identificou que deve atingir o break-even em junho desse ano. É importante o financeiro monitorar o resultado para confirmar se o break-even esperado foi de fato atingido.

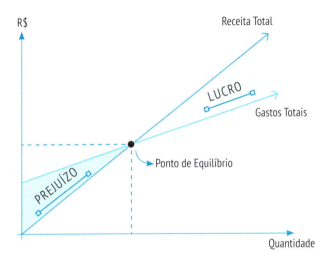

Figura 5 – Gráfico indicando o break-even point ou ponto de equilíbrio.

Por fim, também é responsabilidade do planejamento financeiro acompanhar e analisar os Key Performance Indicators (KPIs) ou indicadores-chave de desempenho da empresa. Há diversos KPIs que uma empresa pode adotar para mensurar e acompanhar mais facilmente sua performance. Alguns exemplos de KPIs são os indicadores financeiros como: faturamento, lucratividade e endividamento. Mas existem outros tipos de indicadores, tais como índice de produtividade, rotatividade dos colaboradores, devolução de produtos e market share. Como você pode observar, existem KPIs que podem ser usados para mensurar o desempenho das áreas de produção, RH, marketing e vendas. É interessante que o time de planejamento monitore não só as métricas financeiras, como também os demais KPIs adotados pela empresa a fim de verificar se as metas estabelecidas para cada indicador estão sendo atingidas.

Como você pode ver, o departamento financeiro é uma das principais áreas de uma empresa e, possivelmente, uma que tem as maiores cobranças, literalmente. Isso apenas reforça a importância em contar com uma equipe altamente qualificada para que a organização não conviva com imprevistos na área, nem prejudique os demais departamentos. Felizmente existem os Enterprise Resource Planning (ERPs) – ou "planejamento de recursos empresariais", em português, que são softwares usados para fazer a gestão diária das empresas, integrando dados, recursos e processos, das áreas de vendas, produção, compras e contabilidade, entre outras. Dessa forma, esse software permite controlar todas as informações de uma empresa, ajudando a planejar, orçar, prever e relatar os resultados financeiros. Atualmente, os sistemas de ERP são muito importantes para o gerenciamento de milhares de empresas e estão se tornando cada vez mais acessíveis para negócios de todos os portes.

Departamento de Marketing e Vendas

A área de marketing e vendas é responsável pelo relacionamento com os clientes. Cabe a esse departamento todas as atividades que visem satisfazer às necessidades e expectativas dos clientes para conquistá-los. Por essa razão, a área de marketing e vendas tem um papel de protagonista dentro das empresas, afinal os clientes estão no topo da pirâmide organizacional (invertida), como mostra a figura 6. Alguns estudiosos, inclusive, classificam o momento atual que vivemos como a "economia do cliente" ou "economia da experiência", focada no cliente. Sendo assim, o foco da área é a realização dos clientes e dos prospects (clientes em potencial). Em conjunto, marketing e vendas cumprem a função de promover a empresa, gerar vendas e ajudá-la a crescer, contribuindo assim para o sucesso de longo prazo da organização.

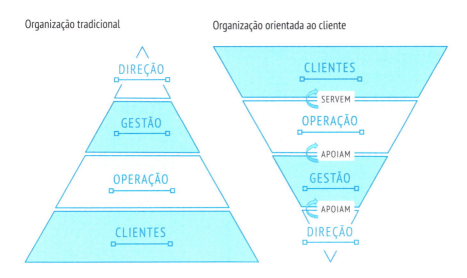

Figura 6 – Pirâmide organizacional invertida.

Em linhas gerais, a área de marketing elabora ações estratégicas com o objetivo de aumentar o interesse dos clientes pelos produtos e serviços da empresa para que sejam vendidos. A área de vendas, por sua vez, possui contato direto com os clientes e é responsável por executar, de forma adequada, as estratégias definidas pela equipe de marketing, ao mesmo tempo que dá *feedbacks* para o marketing, que servem como informações valiosas para elaborar estratégias. Dessa forma, marketing e vendas têm de estar profundamente alinhados e, por isso, em geral estão agrupados em uma mesma área. Mas, para fins didáticos, analisaremos marketing e vendas separadamente a fim de facilitar o entendimento sobre a área. Vamos agora conhecer um pouco mais detalhadamente essas duas funções, começando pelas principais atividades que cada equipe costuma desempenhar, conforme mostra a figura 7.

Figura 7 – Principais atividades desempenhadas por marketing e vendas.

Marketing

Uma empresa precisa ter clientes para crescer e, para ganhar clientes, é importante ter uma estratégia de marketing eficiente. Nesse contexto entra em cena o departamento de marketing. Segundo Philip Kotler (2006), considerado um dos pais do marketing moderno, "Marketing é a ciência e a arte de explorar, criar e entregar valor para satisfazer as necessidades de um mercado-alvo com lucro". O processo de marketing se inicia com a identificação de necessidades ou desejos não atendidos que servem de base para a etapa seguinte, a qual envolve a criação e o desenvolvimento do produto, bem como a atribuição de seu valor (preço), até sua estratégia com relação aos canais de distribuição e, por fim, sua divulgação por meio de promoção e propaganda.

A partir da virada para o século XXI, o consumidor passou a estar cada vez mais bem informado. Com acesso à internet e posteriormente às redes sociais, as pessoas costumam pesquisar mais antes de fazer uma compra, informam-se sobre as opções no mercado e têm uma ideia bem clara das diferenças entre os produtos. Por isso que na área de marketing utiliza-se com frequência o termo "prossumidor",[4] em vez de consumidor. Além disso, com as pessoas sendo constantemente "bombardeadas" com informações e anúncios, o marketing não deve mais interromper, e sim entreter o "prossumidor". Nesse contexto, convencer o consumidor de que o produto ou serviço da sua empresa satisfaz seus desejos e necessidades e que é mais indicado que o dos concorrentes tornou-se um trabalho extremamente desafiador para a equipe de marketing.

PARA PENSAR...

AS NECESSIDADES E DESEJOS DOS CONSUMIDORES SÃO ASSUNTOS BASTANTE DEBATIDOS PELO DEPARTAMENTO DE MARKETING. EM SUA OPINIÃO, O MARKETING CRIA NECESSIDADES OU AS NECESSIDADES JÁ EXISTEM? EXPLIQUE POR QUÊ. E SE VOCÊ ACHA QUE AS NECESSIDADES JÁ EXISTEM, O QUE FAZ O MARKETING?

necessidade   desejo

Para atingir o objetivo de manter os clientes atuais satisfeitos e atrair outros novos, a área de marketing conta com bons conceitos e ferramentas. Um conceito fundamental para quem trabalha nessa área é o mix de marketing. Trata-se do nome que se dá ao conjunto de variáveis que podem ser controladas e utilizadas pela empresa para influenciar as respostas dos

---

4 O termo "prossumidor" foi criado por Alvin Toffler em seu livro *A terceira onda*, de 1980, para destacar o papel mais ativo de quem antes era visto apenas como receptor de uma mensagem publicitária.

consumidores perante a sua marca. Em seu livro *Marketing básico*, de 1960, Jerome McCarthy resumiu essas variáveis em quatro pilares fundamentais para qualquer estratégia de marketing, todos eles começando pela letra P: produto, preço, praça e promoção. Por isso, o mix de marketing também ficou conhecido como 4 Ps.

A ideia por trás do conceito dos 4 Ps é que a equipe de marketing estude cada um desses quatro aspectos para desenvolver a estratégia de marketing da empresa e defina o posicionamento do seu produto ou serviço no mercado. A variável **P**roduto refere-se a todas as características que terá aquilo que sua empresa vai oferecer ao mercado. No caso do **P**reço, ela diz respeito a quanto e como o valor será cobrado do cliente. **P**raça (que também pode ser chamada de Ponto de Venda) é onde o produto ou serviço será disponibilizado, o que envolve logística e distribuição. Por fim, a **P**romoção corresponde ao conjunto de ferramentas de divulgação que serão utilizadas. Dessa forma, os 4 Ps auxiliam no planejamento e execução das ações de marketing, contribuindo para a empresa atingir suas metas de vendas, bem como para o fortalecimento da marca. Confira na figura 8 os quatro elementos básicos que devem compor qualquer estratégia de marketing.

Figura 8 – Modelo dos 4 Ps ou mix de marketing.

Outro conceito muito útil para quem vai trabalhar com marketing é o de inbound e outbound marketing. Esse conceito refere-se a duas formas diferentes de trabalhar as estratégias de marketing de uma empresa. O inbound marketing busca despertar o interesse do cliente com conteúdo relevante para que ele busque o produto ou serviço da empresa. Nesse sentido, inbound inclui blogue, rede social (um exemplo são as lives, que ficaram famosas durante a pandemia), vídeos com conteúdo gratuito e e-books, entre outras estratégias que promovem o crescimento orgânico da empresa. Já outbound é o marketing mais tradicional que vai atrás do cliente. Alguns exemplos de outbound são telemarketing, comercial de televisão, seminários, propagandas impressas e e-mail para base de clientes comprada. Veja de forma resumida na figura 9 as principais diferenças entre inbound e outbound marketing. O ideal é combinar inbound com outbound para potencializar os resultados da empresa.

INBOUND MARKETING	OUTBOUND MARKETING
▸ O CLIENTE VAI ATÉ A EMPRESA;	▸ A EMPRESA VAI ATÉ O CLIENTE;
▸ NUNCA INTERROMPE O CLIENTE;	▸ INTERROMPE E INCOMODA;
▸ EDUCA O CLIENTE;	▸ QUER SÓ VENDER PARA O CLIENTE;
▸ INTERAGE COM A AUDIÊNCIA;	▸ A COMUNICAÇÃO É DE VIA ÚNICA;
▸ FOCA NA EXPERIÊNCIA DO USUÁRIO;	▸ FOCA NO PRODUTO OFERECIDO;
▸ CONTEÚDO MAIS VALIOSO GANHA.	▸ ORÇAMENTO MAIOR GANHA.

Figura 9 – Inbound marketing × outbound marketing.

Marketing é, portanto, uma importante área funcional para as organizações, sendo responsável pelo fluxo de produtos e serviços da empresa para os clientes. Para desempenhar sua função, a equipe de marketing deve identificar necessidades e desejos dos consumidores, e aplicar técnicas eficientes para despertar e estimular nos clientes a ação de comprar os produtos ou serviços da empresa. As técnicas envolvem o planejamento do produto, promoção, precificação e distribuição, entre outras, sempre tendo como objetivo satisfazer as necessidades e desejos dos consumidores.

> **ATIVIDADE EM GRUPO...**
>
> UM DIRETOR DE MARKETING DE UMA FAMOSA EMPRESA DE SANDÁLIAS ENVIOU DOIS ESTAGIÁRIOS PARA DESCALÇÓPOLIS COM O OBJETIVO DE ELES ANALISAREM O POTENCIAL DA CIDADE PARA VENDER SEUS PRODUTOS. AO RETORNAREM DA VIAGEM, O DIRETOR CHAMOU OS DOIS ESTAGIÁRIOS INDIVIDUALMENTE E PERGUNTOU A OPINIÃO DELES SOBRE O MERCADO. O PRIMEIRO ESTAGIÁRIO INFORMOU DESANIMADO QUE NÃO ERA UMA BOA OPORTUNIDADE, PORQUE TODOS NA CIDADE ANDAVAM DESCALÇOS. JÁ O SEGUNDO ESTAGIÁRIO DISSE QUE SE TRATAVA DE UMA EXCELENTE OPORTUNIDADE, POIS TODOS NA CIDADE ANDAVAM DESCALÇOS! REÚNA-SE COM SEUS COLEGAS E DISCUTA QUAL DOS DOIS ESTAGIÁRIOS ESTAVA CERTO, JUSTIFICANDO A SUA OPINIÃO. QUAIS SERIAM SEUS PRÓXIMOS PASSOS PARA TENTAR AVALIAR SE É UMA BOA OPORTUNIDADE VENDER SANDÁLIAS EM DESCALÇÓPOLIS?

Vendas

Assim como o marketing, o departamento de vendas ou comercial tem como objetivo garantir que os produtos ou serviços oferecidos pela empresa sejam vendidos. Porém, diferentemente de marketing, a equipe de vendas está na linha de frente das organizações no que se refere ao contato com o cliente. Por essa razão, vendas é uma das principais áreas de uma empresa, uma vez que cuida da relação direta com o cliente e do processo de vendas. Esse setor tem como missão prospectar, contactar, instruir, informar e, por fim, converter os potenciais clientes. Isso deve ser feito de forma que esses clientes se tornem consumidores recorrentes (fiéis) do produto ou serviço da empresa. Vamos entender um pouco melhor sobre esse setor que é a força propulsora de praticamente todas as empresas.

Os profissionais de vendas são o cartão de visita da empresa, pois, como vimos, eles têm contato direto com os consumidores dos produtos ou serviços oferecidos pela empresa. Por isso, quando os vendedores atuam, sempre estarão em jogo a imagem da empresa e a performance dos negócios. Nesse sentido, os assistentes, os consultores, os auxiliares e outros profissionais devem ter proatividade e atitude, além de conhecerem muito bem os produtos ou serviços que estão vendendo. Além disso, os profissionais que vão atuar diretamente com as vendas devem dominar algumas habilidades, como: comunicação, compreensão das necessidades do cliente, paciência, fazer a abordagem correta, ser persuasivo, saber como antecipar soluções, entre outras características que ajudam no contato direto com o público.

Para comercializar e trazer todos os resultados definidos pela empresa, o departamento de vendas também deve trabalhar de forma coordenada com o departamento de marketing. Um conceito muito útil para marketing e vendas é o funil de vendas. Trata-se de um método fundamental para quem quer trabalhar com inbound marketing, e que ajuda a melhorar o processo de vendas de qualquer empresa. Vamos agora entender um pouco melhor esse conceito e como adotá-lo na prática.

O funil de vendas, também chamado de *pipeline*, é um modelo estratégico que mostra a jornada do consumidor desde o primeiro contato com a sua empresa até a concretização da venda (em alguns casos, até o pós-venda). Isso significa que ele é uma representação do caminho que o cliente faz até fechar a compra. Trata-se então de um processo que envolve acompanhar o cliente desde o primeiro contato dele com o seu produto ou serviço vendido até a finalização com sucesso da compra.

A proposta do funil de vendas é dividir o processo de compras em três etapas: Topo do funil (ToFu ou *Top of the Funnel*), Meio do Funil (MoFu ou *Middle of the Funnel*) e Fundo do Funil (BoFu ou *Bottom of the Funnel*), conforme mostra a figura 10. A primeira etapa, representada pelo topo do funil, é o momento em que o consumidor ouve falar de seu produto ou serviço pela primeira vez. Na segunda etapa, que é o meio do funil, ele já pesquisou bastante sobre o assunto e admitiu que realmente tem uma demanda, passando a considerar a compra da solução que você oferece. Por fim, na terceira etapa, ou seja, no fundo do funil, o cliente decide comprar o produto ou serviço. Isso significa que um cliente que acabou de descobrir seu produto, por exemplo, está menos pronto para comprar do que um que já pesquisou e aprendeu sobre ele.

Figura 10 – Modelo de funil de vendas.

Dessa forma, a compra não é um processo homogêneo, mas pode ser dividida em etapas, como sugere o funil de vendas. Isso porque, durante a sua jornada de compra, o cliente passa por vários momentos que revelam quão próximo ele realmente está de comprar. Por isso, é importante que a área de marketing e de vendas entenda o conceito de funil de vendas, a fim de determinar qual é o nível de maturidade do cliente em relação à decisão de compra. Isso ajudará a equipe de marketing a desenvolver as suas estratégias para cada etapa do processo de compra e o time de vendas a entender qual é o momento certo de abordar o cliente e com que mensagem.

Para montar um funil de vendas, o primeiro passo é mapear a jornada de compra do seu cliente. Isso significa que você precisa conhecê-lo bem. Então, converse com o máximo de clientes (e potenciais clientes) possível para descobrir como chegaram até você, quais as dificuldades que encontraram pelo caminho, o que os fez fechar negócio, entre outros feedbacks que te ajudem a entender mais sobre a jornada. Em seguida, como segundo passo, estabeleça os marcos que mostram que um cliente amadureceu e entrou em uma nova etapa do funil. Isso é muito importante para você utilizar as ferramentas corretas a fim de convencê-lo a passar para a próxima etapa o mais rápido possível. No terceiro e último passo, defina as ações e conteúdos adequados para cada etapa do funil de modo que gerem valor suficiente para que o potencial cliente queira avançar sempre uma etapa adiante. Isso implica um trabalho conjunto entre os times de vendas e marketing, para definir exatamente como eles podem se ajudar em cada etapa do funil.

Veja a seguir um exemplo prático que ilustra o caso de uma empresa que decidiu adotar o funil de vendas para aumentar sua receita:

1. **Topo do funil** → O departamento de marketing mapeou a jornada de seus clientes e, com base no comportamento deles, optou por criar um canal no youtube com o objetivo de oferecer um conteúdo para entreter os potenciais clientes e, ao mesmo tempo, fazer com que o público descubra e aprenda sobre a empresa e seus produtos. Assim, os clientes que tenham assistido aos vídeos estão no topo do funil, ao estabelecer seu primeiro contato com a empresa e conhecer suas soluções.

2. **Meio do funil** → Ao final dos vídeos, a equipe de marketing colocou um link para levar ao site da empresa e convidar os clientes a preencher um formulário de cadastro para baixar um e-book com informações mais detalhadas sobre seu produto, buscando assim estreitar a relação. Uma parte dos clientes que tenham assistido aos vídeos pode decidir ir para o site da empresa, cadastrar-se e baixar o e-book (esse pode ser considerado um marco no funil de vendas). Esses clientes estariam agora no meio do funil, pois reconheceram o problema e se interessaram pela solução.

3. **Fundo do funil** → A equipe de marketing identifica esses clientes que passaram por todo o processo de "educação" e classifica-os como prontos para receberem o contato de um vendedor. Os dados desses clientes são encaminhados então para o departamento de vendas. Esses clientes passariam assim para o fundo do funil, etapa em que vão tomar a decisão de compra. Nesse momento, a equipe de vendas entra em contato com os clientes e põe em prática estratégia e técnicas para fazer a conversão!

Todo profissional de vendas deve contar também com um controle de vendas. Algumas empresas possuem um software próprio que automatiza a análise das vendas diárias e o faturamento. Nesses casos, as caixas de produtos contêm códigos de barras e, por meio de leitores de códigos de barras, é possível comunicar o que foi vendido não só à área de vendas, como também às demais áreas, como logística e financeiro. Mas não é preciso necessariamente ter um software específico para controlar as vendas, esse controle também pode ser realizado utilizando-se uma tabela (que pode ou não ser elaborada em Excel), na qual se registram as vendas e o valor cobrado, entre outras informações. O controle de vendas pode ser feito como mostra a tabela 3 a seguir. O importante é manter um controle de vendas prático, atualizado e sem erros.

Para executar suas atividades, alguns departamentos de vendas e marketing contam ainda com o apoio de sistemas conhecidos como Customer Relationship Management (CRM), que em português significa "Gestão de Relacionamento com os Clientes". Trata-se basicamente de uma ferramenta de automatização de contato com os clientes. Em geral, esses sistemas acompanham as vendas em tempo real, monitoram o funil de vendas, organizam o histórico de compras e fazem o gerenciamento de diversas informações a respeito dos clientes. Dessa forma, o vendedor tem a vantagem de encontrar todos os dados sobre os clientes em um único lugar, o que o ajuda a estruturar um bom relacionamento com seu público-alvo.

Como você pode ver, a área de marketing e vendas é essencial para o sucesso da empresa. Essas equipes têm de trabalhar unidas e estar alinhadas para conseguir satisfazer as necessidades e desejos dos clientes, gerando aumento de vendas. Agora que você já conhece alguns conceitos e ferramentas importantes que ajudam as equipes de marketing e vendas a atrair, converter, vender e fidelizar clientes, você está mais bem preparado para superar os desafios dessa área.

TABELA 3. MODELO DE CONTROLE DE VENDAS

CONTROLE DE VENDAS

Data	Cliente	Descrição da venda	Valor	Forma de pagamento	Vendedor	% Comissão	V. Comissão	Situação
11/02/2021	Arthur C.	Camiseta Regata - Ref. 721	R$ 65,00	À vista	Juliana	10	R$ 6,50	Pago
11/02/2021	Lúcia P.	Tênis Nike Ref. 123	R$ 230,00	À vista	Carlos	10	R$ 23,00	Pago
11/02/2021	Ícaro D.	Pacote 3 Meias Ref. 103	R$ 32,50	Cartão em 2x	Glória	10	R$ 3,25	Conta aberta
15/02/2021	Lucas M.	Boné UV Ref. 328	R$ 76,30	À vista	Raquel	10	R$ 7,63	Pago
15/02/2021	Paula P.	Short Feminino Ref. 225	R$ 89,95	Cartão em 3x	Edson	10	R$ 9,00	Conta aberta
TOTAIS								

Departamento de Produção e Logística

Chegou o momento de falarmos sobre produção e logística, uma área da administração que é fundamental para a empresa prosperar de forma acelerada e assertiva, além de permanecer no mercado. Trata-se de um departamento especial, pois tem como atribuição cuidar da gestão da produção de bens e serviços, ou seja, desenvolver produtos e serviços a partir de matéria-prima. Naturalmente, isso engloba também as gestões de estoque, maquinário e logística. Por essa razão, é comum encontrar o departamento de produção junto com logística, que tem o compromisso de garantir que os produtos e/ou serviços sejam transportados e entregues aos clientes.

Como você pode ver, a área de produção e logística abrange diversas atividades que demandam profissionais qualificados para que o fluxo de trabalho transcorra sem imprevistos. É realmente um grande desafio a responsabilidade de fabricar e entregar produtos e serviços da forma mais eficiente possível para atender aos desejos e às necessidades dos consumidores. Por isso, lembre-se da importância dos colaboradores desse departamento na próxima vez que comprar sua desejada camiseta, um tênis confortável ou aquele sonhado carro para viajar ou ir encontrar os amigos! Vamos conhecer então um pouco mais sobre essa área que, para facilitar o entendimento, terá a produção tratada separadamente da logística.

Produção

Produção é uma palavra geralmente associada às atividades industriais de produção de bens físicos, mas aplica-se também aos serviços. Dessa forma, este departamento está relacionado à produção de bens (produtos) e serviços. Algumas empresas inclusive optam atualmente por adotar o nome de Departamento de Produção e Operações, em razão de sua abrangência, associando o termo "produção" à atividade industrial e "operações" à prestação de serviços. De forma simplificada, a principal responsabilidade da área de Produção é transformar um conjunto de insumos e matérias-primas (*inputs*) em produtos e/ou serviços (*outputs*) desejados de qualidade, por meio de uma série de processos produtivos, conforme ilustra a figura 11.

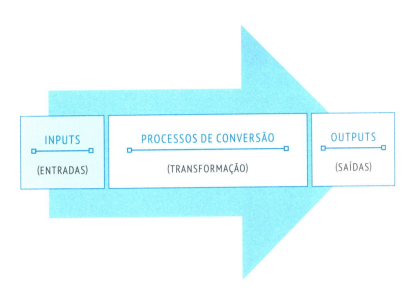

Figura 11 – Processo produtivo.

Como se pode observar, o processo produtivo envolve transformar os *inputs* em bens e serviços. Os *inputs* incluem as pessoas (com seus conhecimentos técnicos), assim como vários materiais e tipos de equipamento. Já os processos de conversão dizem respeito à modificação e transformação dos *inputs* em outros materiais ou serviços para serem oferecidos aos consumidores no mercado. A transformação pode ser física (no caso de fábricas), transformação informacional (no caso de empresas de serviços), entre outros tipos. Por fim, os *outputs* correspondem aos produtos e serviços produzidos por meio do processo de conversão. Os *outputs* incluem também os poluentes e resíduos resultantes do processo de conversão.

Administrar a produção significa então planejar, organizar, coordenar e controlar esse processo produtivo da melhor maneira possível, a fim de atender aos desejos e às necessidades dos consumidores. Uma administração da produção eficiente implica produzir produtos e serviços no prazo certo, na quantidade certa, com o custo certo e qualidade certa para a empresa atingir assim os objetivos. Com base nessas responsabilidades, podemos dividir as atividades do departamento de produção em três grupos, como sugere a figura 12.

Figura 12 – As principais atividades do departamento de produção.

As atividades de fabricação envolvem armazenar e gerenciar estoques, avaliar a capacidade de produção, programar a produção, produzir os produtos e serviços, coordenar e supervisionar (controlar) o processo produtivo. No que se referere à qualidade, devem ser programadas e realizadas atividades de controle da qualidade dos produtos e serviços. E a manutenção engloba todas as atividades para programar e executar a manutenção preventiva e corretiva das máquinas, equipamentos e sistemas produtivos. Essas atividades exigem da equipe de produção uma visão sistêmica de todo o processo produtivo.

Para desempenhar sua função, é importante que o time da área de produção conheça e aplique conceitos e técnicas de gestão, buscando garantir a eficiência do processo produtivo de bens e serviços da empresa. Por isso, são realizados estudos e utilizadas ferramentas de administração da produção, como o ciclo PDCA, que veremos no capítulo 14. Apenas um rápido *spoiler*: o ciclo PDCA é um método que ajuda a administração a melhorar continuamente seus processos e a atividade de produção.

Outra ferramenta importante é o controle de estoque. O estoque pode ser, geralmente, separado em duas modalidades diferentes. Uma é a de matérias-primas para a produção industrial de grande ou pequeno porte. A outra, de produtos finais ou acabados para a comercialização. É necessário controlar o estoque, tanto das matérias-primas, quanto dos produtos acabados – afinal, sem *input* não tem produção e sem *output* não tem venda. Em virtude disso, o controle de estoque merece muita atenção. Mas, além disso, uma melhoria do controle de estoque também pode oferecer outros benefícios, como:

- diminuir desperdícios, tanto de tempo como de energia, na hora de fazer inventário (contagem) do estoque;
- reduzir o valor de capital de giro necessário para manter a operação da empresa;
- medir o alto ou baixo desempenho da empresa, por meio do estoque disponível.

Ficar com um produto ou uma matéria-prima por muito tempo em estoque é um mau sinal, pois indica que os clientes não estão consumindo tanto o seu produto como você previu. Esse erro na previsão de consumo é um problema para a empresa, já que manter produtos em estoque gera custos de espaço e de administração. Por essa razão, quando o estoque fica parado por muito tempo, muitas empresas recorrem aos famosos "Liquida" oferecendo grandes descontos, para aumentar o giro das mercadorias antigas e possibilitar o recebimento de novas. Gerenciar a entrada e a saída de mercadorias é realmente um assunto que merece muita atenção!

Para controlar o estoque, você deve atuar então em duas frentes. A primeira baseia-se em manter o espaço físico do estoque organizado, pois esse controle permite otimizar as tarefas de toda a estrutura da empresa. A segunda consiste em apurar o movimento de entrada e saída de mercadorias. Nesse caso, o controle de estoque tem como objetivo informar a quantidade disponível de cada item dentro da empresa e também qual o valor dos produtos. Ter um estoque controlado significa ter um conhecimento exato da quantidade correta de produtos disponíveis para que a empresa possa atender à demanda de mercado e seguir com suas operações, sem ter prejuízos com perdas. Confira na tabela 4 um exemplo de modelo de controle de estoque.

TABELA 4. MODELO DE CONTROLE DE ESTOQUE

CONTROLE DE ESTOQUE

Produto	Unidade	Entrada	Saída	Estoque final	Valor unitário	Estoque mínimo	Situação
Produto A	Peça	10	3	7	R$ 5,50	5	OK
Produto B	Peça	10	8	2	R$ 8,70	5	Comprar
Produto C	kg	100	67	33	R$ 3,20	50	Comprar
Produto D	Pacote	20	4	16	R$ 12,40	10	OK
Produto E	Peça	10	6	4	R$ 4,95	5	Comprar

Quando uma venda é efetuada, a saída do produto é repassada para o controle de estoque e novas compras poderão ser programadas, tendo como referência o estoque mínimo. Naturalmente, você pode deixar seu controle mais sofisticado e incluir novos campos, mas certifique-se de periodicamente realizar o inventário, ou seja, fazer a contagem do seu estoque e analisar eventuais desvios. Essa conferência é essencial para garantir que o estoque físico (real) esteja de acordo com o que consta no seu controle. Um controle de estoque confiável contém informações sobre as vendas e poderá te auxiliar na projeção da demanda que o mercado tem de seu produto, para você planejar suas compras.

Agora, em um mundo ideal, as empresas não teriam estoque. Elas apenas comprariam matéria-prima para produção ou comprariam um produto para revenda quando efetivamente tivessem um pedido. Mas isso é possível? Talvez você já tenha ouvido falar de estoque zero. O conceito de estoque zero consiste em um sistema de "puxar" a produção a partir da demanda, produzindo em cada estágio somente os itens necessários, na quantidade necessária e no momento necessário. Isso significa que cada processo deve ser abastecido no tempo certo, sem geração de estoque, ou seja, just-in-time, que também é uma outra forma de se referir a esse conceito, ou sistema Kanban.

Na indústria, esse sistema é aplicado na prática, mantendo o estoque das matérias-primas dentro da planta industrial ou em instalações de terceiros bem próximas, sem a necessidade da compra antecipada desse estoque. O pagamento somente será feito aos fornecedores quando a matéria-prima for consumida na linha de produção (estoque zero). Já no comércio, o estoque de mercadorias é mantido à disposição, também sem a necessidade de compra imediata desse estoque, sendo a mesma feita somente quando for necessária. Dessa forma, o capital não fica empatado em estoque parado. Confira algumas sugestões de ações importantes, antes de seguir em frente com o desafio de implantar o conceito de estoque zero:

- Descubra a curva ABC dos produtos da empresa. A curva ABC possibilita classificar o estoque de maior para menor relevância, com base nas vendas. Assim, você identifica os produtos mais vendidos que não devem ser estocados em quantidades menores, e os produtos menos vendidos, que podem ser candidatos a teste da aplicação do estoque zero;

- Considere os prazos de entrega no planejamento. É importante que você tenha muita clareza com relação aos prazos reais em que deve receber a reposição do estoque. Por isso, as empresas que aplicam esse conceito geralmente ficam localizadas bem perto dos fornecedores;

- Escolha os fornecedores que melhor te atendam. Os fornecedores de empresas com estoque zero têm de ser de muita confiança. Por isso, você deve desenvolver e aprofundar uma relação de parceria com os fornecedores, se possível até propondo uma integração dos sistemas para enxergar o estoque deles em tempo real.

Um bom controle de estoque é fundamental para as empresas. O sistema de estoque zero (se for viável) é uma opção melhor ainda! Como você pode notar, o prazo de entrega do produto e a distância entre a empresa e os fornecedores são fundamentais para um processo produtivo eficiente. Esses assuntos remetem ao nosso próximo tópico, que é logística, departamento que deve sempre atuar tão próximo da produção que com frequência são agrupados em uma mesma área.

Logística

O departamento de logística é responsável por toda a movimentação de materiais, interna e externa à empresa, o que inclui desde a chegada das matérias-primas para produção até o momento em que o produto é colocado nas prateleiras à disposição do cliente final. A gestão eficiente da logística é fundamental em um mercado cada vez mais competitivo, cujos consumidores são cada vez mais exigentes. Por essa razão, essa é uma área que tem crescido bastante e tornou-se um verdadeiro diferencial competitivo, uma vez que a rapidez, a atenção e a eficiência da entrega fazem parte de como o consumidor enxerga a marca, contribuindo para que os clientes possam ter a melhor experiência possível. O setor de logística ganhou ainda mais destaque com a pandemia da Covid-19, período em que o *delivery* (entrega) dos pedidos de compra direto na residência dos clientes virou uma necessidade e cresceu exponencialmente!

Em um país com dimensões territoriais como as do Brasil e com uma economia altamente dependente do transporte rodoviário, o departamento de logística tem um trabalho muito desafiador em nosso país. Por isso, empresas como Amazon, Mercado Livre e Magalu fazem investimentos pesados em centros de distribuição com tecnologia para automatizar suas operações, desenvolvem embalagens para otimizar a ocupação do espaço dentro dos veículos, fazem parcerias com outras empresas e estão testando até entregas por meio de drones, entre outras iniciativas para tornar a logística mais eficiente. Nesse contexto, a área de logística deve se estruturar da melhor forma possível para realizar seu trabalho com excelência. A forma como o departamento se organiza varia entre as empresas, mas vamos ver na figura 13 um exemplo de organograma comum adotado pelas empresas.

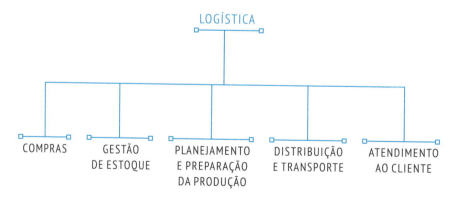

Figura 13 – Modelo de organograma do Departamento de Logística.

Com base no organograma, é possível observar as funções do departamento de logística e já ter uma ideia das principais atividades que esse setor da administração desempenha. Trata-se de uma área que, em conjunto com a produção, dedica-se a organizar os processos de produção da empresa. Mais especificamente, a equipe de logística cuida de suprimentos, da produção e distribuição de produtos de forma racionalizada. Isso inclui o planejamento, a execução e o controle de todas as atividades relacionadas à aquisição, transporte, movimentação e armazenagem de estoques de matéria-prima, bem como a armazenagem, a distribuição e a entrega dos produtos acabados para os clientes. Essa equipe também contribui para o planejamento e preparação da produção com base na previsão de vendas, além de ser um canal de contato com os clientes. Confira na figura 14 o fluxo que mostra as três funções e as principais atividades da área de logística.

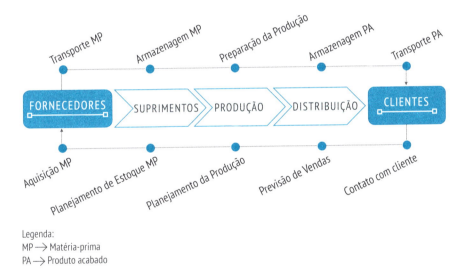

Legenda:
MP → Matéria-prima
PA → Produto acabado

Figura 14 – Fluxo das principais atividades da área de logística.

É importante que a equipe de logística atue de forma eficiente para apoiar a produção e entregar os pedidos de produtos no lugar certo, na hora certa! Além disso, se cumprir bem o seu papel, a área de logística ajuda a empresa a reduzir custos, melhorando os seus resultados. Vale ressaltar que, ao desempenhar suas atividades, o profissional de logística lida diariamente com inúmeros documentos, tais como contratos, faturas, guias de expedição de mercadoria, comprovantes de entrega, documentos de devolução, guia de movimentação de ativos, entre outros. Um exemplo desses documentos é a guia de remessa (GR), também chamada de guia de transporte. Esse documento deve sempre acompanhar todos os bens comerciais que se encontram fora dos locais de produção, transformação ou exposição nos estabelecimentos de venda, ou seja, que estão em circulação (sendo transportados). Veja, na figura 15, um modelo de guia de remessa.

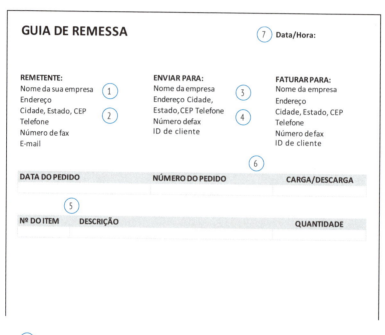

① Nome do remetente dos bens;
② Domicílio ou sede do remetente dos bens;
③ Nome do destinatário ou adquirente dos bens;
④ Domicílio ou sede do destinatário ou do adquirente dos bens;
⑤ Designação comercial dos bens, com indicação das quantidades;
⑥ Locais de carga e descarga;
⑦ Data e a hora em que se inicia o transporte.

Figura 15 – Modelo de guia de remessa.

É imprescindível que o profissional de logística faça uma boa gestão desses documentos. Nesse sentido, muitas empresas estão constantemente tentando melhorar suas operações por meio de estratégias de automatização e digitalização. Elas estão conseguindo realizar grandes avanços, reduzindo a quantidade de papel utilizado, cumprindo com eficiência o prazo de entrega de seus produtos e proporcionando maior transparência do processo para seus clientes.

PERGUNTA...

COM QUE ÁREA VOCÊ MAIS SE IDENTIFICOU? POR QUÊ? VOCÊ GOSTARIA DE FAZER UM *JOB ROTATION* (RODÍZIO DE FUNÇÕES) PARA CONHECER MELHOR AS ÁREAS DE UMA EMPRESA? É NORMAL TER DÚVIDAS, E PARTICIPAR DE UM PROGRAMA COMO ESSE PODE SER UMA BOA OPÇÃO PARA QUEM AINDA NÃO ENCONTROU SUA ÁREA PREFERIDA. MUITAS ORGANIZAÇÕES OFERECEM ESSE TIPO DE PROGRAMA!

PARTE 2
ATIVIDADES ADMINISTRATIVAS NO
COMÉRCIO

O segredo do comércio está em levar as coisas de onde abundam para onde são mais caras.

(Frase atribuída a Ralph Waldo Emerson)

Agora que já conhecemos um pouco mais sobre o trabalho do profissional de administração, vamos aprofundar nosso conhecimento sobre sua atuação em um importante setor empresarial: o comércio.[1] Iniciaremos com uma análise da evolução do comércio para, a partir daí, apresentar a variedade atual de produtos e profissionais, bem como as formas de transações comerciais que resultaram desse processo e finalizar com as principais rotinas nos serviços comerciais. Assim você irá entender as atividades administrativas do comércio na teoria e na prática!

---

[1] A importância do setor empresarial comercial pode ser observada pelos números apresentados na Pesquisa Anual de Comércio de 2018, apontando que naquele ano havia 1,5 milhão de empresas comerciais, que obtiveram 3,7 trilhões de reais de receita operacional líquida. Essas empresas empregaram 10,2 milhões de pessoas, às quais foram pagos 237,4 bilhões de reais em salários, retiradas e outras remunerações (Fonte: IBGE, 2018).

4. A EVOLUÇÃO DO COMÉRCIO

Você acorda para tomar aquele café da manhã reforçado para se preparar para o seu dia. Imagine aquela mesa com leite, café, pão, queijo, cereais, algumas frutas, ovos e tudo mais que você gosta. Se não existisse o comércio, você provavelmente teria que produzir tudo o que come! O comércio é uma atividade comum no nosso dia a dia, mas ele nem sempre existiu... Você consegue imaginar como surgiu a atividade comercial?

Historicamente, o sistema de trocas, considerado a primeira forma de comércio, surgiu na Antiguidade, quando nômades[1] começaram a se fixar em agrupamentos. Nessas comunidades locais que começaram a se formar, cada grupo possuía uma determinada habilidade: pesca, agricultura, pecuária, etc. Para garantir o sustento e uma boa produtividade, cada grupo ocupava-se então com apenas uma tarefa. Porém, a produção de alimentos passou a ser maior do que a necessidade dos grupos que os produziam. O que fazer com o que sobrava? Esses grupos tiveram a grande ideia de trocar esses alimentos e demais produtos com outros grupos, surgindo, assim, o comércio.

Vamos pensar em um exemplo em que um determinado grupo produzia uma quantidade de mandioca maior do que sua necessidade, enquanto outro grupo produzia mais queijo do que consumia. O excedente, ou seja, o que sobrava, era trocado para não ser desperdiçado, de forma que tanto um grupo quanto o outro tivesse acesso aos dois produtos. Nesse caso, leva-se a mandioca do grupo que tinha em abundância para o grupo que não a tinha, onde, portanto, valia mais, e vice-versa (lembra-se da frase de Ralph Waldo Emerson?). A ideologia do comércio é justamente essa: trocar uma coisa por outra. Logo, o comércio baseia-se na troca voluntária de produtos.

Na sua forma original, o comércio então fazia-se por meio da troca direta de produtos de valor reconhecido como diferente pelos dois parceiros, em que cada um valorizava mais o produto do outro que ele não tinha. Com o tempo, as trocas comerciais aumentaram e diversos povos passaram a praticá-las, tornando o comércio mais bem estrutu-

---
[1] Os hominídeos viviam em pequenos grupos quando eram nômades. Os agrupamentos cresceram com a sedentarização e, com isso, a quantidade do que produziam.

rado. Alguns povos, inclusive, viajavam longas distâncias para realizar trocas comerciais. Consequentemente, os comércios começaram a se tornar cada vez mais complexos, envolvendo uma quantidade cada vez maior de pessoas. As trocas se estenderam para além das comunidades e podiam ocorrer entre dois parceiros (comércio bilateral) ou entre três ou mais parceiros (comércio multilateral). Nesse contexto, quando o trabalho com os metais passou a ser feito, no período da Idade dos Metais, surgiram objetos metálicos, que começaram a ser valorizados e usados nas trocas comerciais.

Com a evolução do comércio, passamos a trocar produtos e serviços por dinheiro. Ou seja, a troca é feita de forma indireta, uma pessoa troca o dinheiro pelos produtos e serviços que deseja. A invenção do dinheiro contribuiu para simplificar e promover o desenvolvimento do comércio. Os avanços tecnológicos, por sua vez, ajudaram a expandir ainda mais o comércio, como acontece atualmente com as compras pela internet. Mas, independentemente da existência do dinheiro e das novas tecnologias, é importante ter em mente que é a oferta e a procura por mercadorias ou serviços que permite a existência do comércio. O comércio pode ser definido como uma atividade econômica que se baseia na troca de bens ou serviços entre duas ou mais pessoas, com o objetivo final de lucro.

Ao longo do processo evolutivo do comércio, vale destacar que surgiram as empresas comerciais, que vendem mercadorias diretamente ao consumidor, como é o caso do comércio varejista, ou que compram do produtor para vender ao varejista, como o comércio atacadista. Essas empresas comerciais se tornaram atores com participação tão importante na economia que estimularam o surgimento de instituições para apoiá-las e incentivá-las. O Senac, Serviço Nacional de Aprendizagem Comercial é, desde 1946, o principal agente de educação profissional voltado para o comércio de bens, serviços e turismo do nosso país.

PARA PENSAR...

O SISTEMA FINANCEIRO ESTÁ EM CONSTANTE EVOLUÇÃO! FORMAS DE PAGAMENTO COMO O PIX, CARTEIRAS DIGITAIS (*DIGITAL WALLETS*) E CRIPTOMOEDA IRÃO MUDAR O SISTEMA FINANCEIRO. ALGUNS PAÍSES COMO A SUÉCIA JÁ TÊM ATÉ META PARA NÃO TER MAIS PAPEL MOEDA ATÉ O ANO 2030. ESSA NOVA REALIDADE TERÁ IMPACTO NÃO SÓ NO MERCADO DE MEIOS DE PAGAMENTO, COMO TAMBÉM NO COMÉRCIO. COMO ESSAS MUDANÇAS IRÃO IMPACTAR O COMÉRCIO? QUAIS AS VANTAGENS? QUAIS OS DESAFIOS? QUAIS AS OPORTUNIDADES?

5. TRANSAÇÕES COMERCIAIS

Uma empresa comercial é uma organização dedicada à compra e venda de produtos ou mercadorias, legalmente registrada e administrada segundo os padrões comerciais socialmente aceitos para os intermediários entre produtores e consumidores. Sendo assim, suas atividades não incluem nenhum tipo de processo produtivo de transformação de matérias-primas, nem sua terminação, como é o caso das empresas manufatureiras. Sua atividade é apenas comercial, cumprindo uma função de intermediação, distribuição e troca de produtos no mercado. Logo, a empresa comercial é responsável por conectar o produtor ao mercado.

As atividades comerciais podem ser diferenciadas tanto em relação à origem do produto (por exemplo, importadas ou nacionais), quanto à sua finalidade (para uso intermediário ou para uso final). De acordo com a finalidade, as empresas comerciais podem ser classificadas em dois segmentos de atividades: comércio por atacado e comércio varejista. Existem ainda as empresas mistas, que, além de comprar e vender produtos, também prestam serviços na sua área de atuação, o que as torna empresas comerciais e de serviços ao mesmo tempo. Vamos usar a divisão entre atacado e varejo para facilitar a análise do setor comercial e de suas transações.

O comércio atacadista é constituído por empresas que funcionam como distribuidoras ou intermediárias no processo produtivo, revendendo a varejistas e outros tipos de estabelecimentos. Esse segmento de comércio vende produtos em grandes quantidades e suas operações podem, inclusive, influenciar a formação de preços na economia. Por isso, as empresas atacadistas costumam ser de grande porte, tanto no que se refere à mão de obra quanto à geração de receita. Já no comércio varejista, as vendas se destinam diretamente ao consumidor final, para uso familiar ou pessoal, ou seja, o varejista vende produtos unitários e visa aos consumidores finais para o próprio consumo do produto. Nesse segmento de comércio, observa-se, em geral, um grande número de estabelecimentos de pequeno porte.

Agora que já entendemos como o setor comercial está dividido, vamos ver os diferentes fluxos de transações comerciais que podem ocorrer para o produto ir do fabricante até o cliente final. Vamos pensar em uma indústria de aparelhos celulares, por exemplo. As indústrias costumam fabricar os produtos em larga escala, afinal elas sabem que o custo unitário de produção aumentaria bastante se produzissem pequenas quantidades, o que não é vantajoso para elas. Uma fábrica de celulares produz então uma grande quantidade de aparelhos por lote[1] e, para vendê-los, define uma quantidade mínima de itens por pedido, entre outras condições que muitas vezes dificultam o varejo comprar diretamente dela. Dessa forma, apenas empresas de porte maior como atacadistas têm capacidade para adquirir os celulares do fabricante. Surge assim o modelo tradicional de transação comercial em que o atacado compra da indústria e vende quantidades menores para os varejos, que, por sua vez, revendem ao cliente final por unidade, como ilustra a figura 1.

Figura 1 – Modelo clássico do fluxo de transações comerciais.

Cada organização que faz parte do fluxo agrega valor em cada etapa do processo comercial para viabilizar a operação. Por outro lado, também é interessante notar que o preço da unidade de celular fica mais caro a cada etapa, afinal cada participante inclui a sua margem para poder operar e lucrar. Nesse contexto, as relações entre os participantes das transações comerciais começam a se redefinir da seguinte maneira:

- **fabricantes:** melhoraram as condições de venda para oferecer acesso a varejistas menores e, em alguns casos, passaram até a vender direto para o cliente final;
- **atacadistas:** começaram a vender direto para os clientes finais que têm costume de comprar maiores quantidades, oferecendo melhores preços;

---

[1] A fabricação em lote serve para identificar os produtos que foram fabricados ao mesmo tempo, a partir de uma mesma matéria-prima. Cada lote contém um número e uma data, possibilitando o controle de produção e da venda. Com isso, é possível rastrear o lote de origem no caso de um eventual problema, para fazer um recall, o que facilita também identificar as causas do problema.

- **varejistas:** surgiram grandes redes varejistas que passaram a comprar volumes maiores direto da fábrica, aumentando o poder de barganha sobre os fabricantes, conseguindo melhores condições de compra para oferecer bons preços aos clientes finais.

Com o passar do tempo, os atores da cadeia foram então desenvolvendo novas estratégias para crescer, melhorar suas margens de lucro, consolidar-se, conhecer melhor os consumidores para oferecer uma experiência melhor a seus clientes. Essas mudanças refletiram nas transações comerciais, tornando o fluxo muito mais complexo! Hoje você pode comprar seu celular do fabricante, de um atacadista ou de um varejista. A figura 2 mostra um modelo que representa a realidade atual do fluxo comercial.

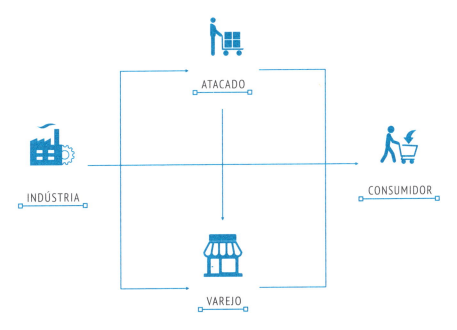

Figura 2 – Modelo atual do fluxo de transações comerciais.

Como podemos observar, os tipos de venda foram se especializando e resultaram em modelos de transações comerciais específicas. Os processos de compra e venda de bens e serviços podem ocorrer, por exemplo, entre empresas, bem como entre uma empresa e um cliente final e até mesmo da indústria direto para o consumidor. Com isso, foram sendo criadas siglas para descrever a forma como as empresas e consumidores se relacionam. Entre os principais tipos de transações comerciais, temos: B2B (*Business to Business* ou Empresa para Empresa), B2C (*Business to Consumer* ou Empresa para Consumidor) e D2C (*Direct to Consumer* ou Direto para o Consumidor). Vamos ver no quadro 1 o que significa exatamente cada um desses conceitos.

QUADRO 1. TIPOS DE TRANSAÇÕES COMERCIAIS		
	TIPO DE TRANSAÇÃO	**PÚBLICO-ALVO**
B2B	Transações realizadas entre pessoas jurídicas.	Outras empresas
B2C	Transações realizadas entre uma empresa e o consumidor final.	Consumidor final
D2C	Transações realizadas diretamente entre a indústria e o consumidor final.	Consumidor final

Exercício

Antes de seguirmos em frente, um rápido exercício. Com base nas definições dos conceitos de B2B, B2C e D2C, identifique sobre cada uma das setas da figura 2 que acabamos de ver qual o tipo de transação que cada seta representa.

Canais de distribuição

As transações comerciais podem ocorrer por meio de diversos canais de distribuição, que é o modo pelo qual uma empresa escolhe entregar seus produtos ao comprador. O principal objetivo desses canais é que os produtos estejam disponíveis para o consumidor final o mais rápido possível e sem danos. Entre os principais canais utilizados pelas empresas estão: as lojas físicas, o comércio eletrônico e o comércio porta a porta. Vamos conhecer a seguir um pouco mais sobre esses canais de distribuição e a estratégia de integração dessa variedade de canais, conhecida como omnichannel.

Loja física

A loja física é um canal de distribuição que oferece produtos e serviços aos consumidores dentro de um espaço (local) físico, onde eles têm a possibilidade de interagir presencialmente com os produtos (tocar, provar, etc.). Trata-se, portanto, de um canal de vendas off-line no qual o comprador tem a facilidade de acessar os produtos in loco antes de comprar, além de poder contar com o auxílio de vendedores reais, em vez de assistentes virtuais. Por essas razões, a loja física ainda é a opção preferida de muitos consumidores. Os tipos de loja física mais comuns são:

- **loja física de varejo** → localizada em um ambiente externo, voltado para venda ao cliente final;
- **loja de shopping** → localizada dentro de um shopping, espaço que tende a atrair mais clientes pelo conjunto de serviços que oferece (cinema, restaurantes, estacionamento, etc.);
- **Pop-up store** → lojas temporárias, abertas por um período predeterminado de tempo, mais comuns em eventos ou sazonalidades.

As lojas físicas vêm sofrendo bastante com a concorrência das lojas virtuais nos últimos anos. A pandemia da Covid-19 prejudicou ainda mais esse canal, mas as lojas físicas não devem desaparecer, e sim modernizar-se para enfrentar a concorrência. Além de estar bem localizadas, ter boas instalações e ofertas atrativas, devem oferecer diferenciais. Algumas lojas já oferecem, por exemplo, um espaço com tablets e computadores disponíveis para que a compra seja efetuada de forma fácil, simples e rápida. Como disse Jeff Bezos (fundador da Amazon): "As lojas físicas terão de ser melhores, mais atraentes, mais práticas, mais eficazes. O comércio eletrônico não vai substituir o comércio tradicional, e sim obrigá-lo a mudar".

Comércio eletrônico

O comércio eletrônico, também chamado de e-commerce ou loja virtual, é o canal em que a transação é realizada pela internet, mais especificamente por meio de uma plataforma virtual. Esse recurso também permitiu a ampliação de possibilidades de negócio sem os custos de abrir e manter uma loja física, ajudando as empresas a expandir geograficamente sua participação de mercado. Além disso, muitas empresas passaram a ver o mundo virtual como uma forma de realizar pesquisas, propaganda, oferecer suporte técnico e atendimento ao consumidor. Por essas razões, o mercado mundial foi altamente receptivo a esse tipo de comercialização, que vem crescendo rapidamente.

No Brasil, o comércio eletrônico, que já crescia de modo expressivo, deslanchou em 2020 em razão da pandemia da Covid-19. Antes da pandemia, o brasileiro usava e-commerces para comprar bens duráveis, como aparelhos celulares e eletrodomésticos. Com o início da pandemia, os consumidores passaram a usar o comércio eletrônico para fazer compras de rotina, como as de supermercado e de farmácia. Além disso, muitos brasileiros fizeram a sua primeira compra on-line durante a pandemia. Dessa forma, a pandemia não só introduziu mais brasileiros ao comércio eletrônico, como também diversificou o carrinho de compras on-line dos consumidores. Naturalmente, esse cenário atraiu empresas, que aceleraram para ter sua presença on-line, investindo em canais próprios ou utilizando a estrutura de marketplaces.[2]

Para aproveitar os benefícios do e-commerce, a empresa tem de estar preparada. Entre as boas práticas das lojas virtuais estão:

- ter um bom controle de estoque e mantê-lo atualizado no sistema;
- embalar os produtos adequadamente para seu envio, garantindo que eles cheguem para o cliente com a qualidade preservada;
- postar o produto no prazo correto, para não ocorrerem atrasos na entrega;
- realizar a manutenção da plataforma on-line, para que os clientes não tenham problemas ao usá-la;
- elaborar uma boa estratégia de divulgação;
- garantir a segurança no *checkout* (momento do pagamento);
- prestar um bom atendimento ao cliente para garantir que a negociação seja concluída com êxito.

---

[2] Marketplace, também conhecido como shopping virtual, é uma plataforma on-line que conecta compradores e vendedores de produtos e/ou serviços.

Imagine o que pode acontecer se um site divulgar a venda de um produto que não esteja disponível no estoque. Sem dúvida, isso trará dor de cabeça para a empresa e para o cliente, por isso é importante que o profissional de administração que estiver trabalhando em empresas que tenham comércio eletrônico acompanhe os pedidos feitos, registre a saída dos itens e programe a compra de novos produtos quando o estoque estiver acabando. De acordo com a máxima atribuída a Bill Gates, "Se o seu negócio não está na internet, seu negócio não existe". No entanto, é preciso preparar-se para aproveitar ao máximo esse canal e não prejudicar a imagem da empresa.

Porta a porta

A venda porta a porta, também conhecida como venda direta, é um canal de distribuição em que o representante de vendas vai, como o próprio nome diz, de porta em porta prospectando clientes para vender seus produtos ou serviços. Em vez de depender de a área de marketing da empresa trazer novos clientes, o vendedor passa de residência em residência apresentando os benefícios do que está oferecendo. Dessa forma, esse tipo de comércio aproxima os produtos e serviços do consumidor por meio da visita do vendedor.

O mercado brasileiro possui características que favorecem o comércio porta a porta. O consumidor brasileiro gosta de um relacionamento mais pessoal mesmo quando está negociando e se sente mais seguro quando pessoas conhecidas lhe apresentam um produto. Além disso, a experimentação de amostras na conveniência da sua casa também lhe dá segurança para realizar a compra. Sem contar a possibilidade de o vendedor poder complementar a sua renda familiar. Por essas razões, a venda porta a porta encontrou bons resultados em alguns segmentos, como o de planos de saúde. Mas foi sem dúvida no setor de cosméticos, perfumaria e produtos de higiene pessoal e beleza que a venda direta fez mais sucesso.

Para que a venda porta a porta seja eficaz, é essencial que o vendedor faça um bom planejamento para a prospecção e abordagem dos futuros clientes. Para isso, é importante conhecer o perfil do público-alvo, seus hábitos de consumo e identificar maneiras de atrair sua atenção. Quanto ao produto que oferece, ele deve conhecer bem o portfólio da empresa, saber quais os produtos mais rentáveis e qual a sua porcentagem de ganho sobre o valor da venda, mantendo-se constantemente atualizado. Estabelece também metas de vendas desafiadoras e viáveis para se motivar. Com isso, é possível construir uma clientela fiel e aumentar suas vendas.

Estratégia omnichannel

Com essa crescente variedade de canais de distribuição, tornou-se bastante complexo atender aos clientes. Pense na seguinte situação: uma cliente descobre uma marca de roupas pelas redes sociais. Após esse primeiro contato, ela se interessou e foi até o site da marca conferir a coleção e os preços. Depois de ver o site, ela entrou em contato com a vendedora por WhatsApp para tirar algumas dúvidas. Feito isso, a cliente gostou de uma peça e finalizou a compra do item pelo celular, mas optou por pegar o produto na loja física, para não pagar o frete. Como você pode observar, para o consumidor já não existe diferença entre loja física ou virtual. A única coisa que ele enxerga é a marca e a experiência de consumo que lhe oferece.

Para atender ao processo de decisão de compra e a nova jornada dos consumidores, desde o reconhecimento de uma necessidade ou desejo até a conversão em cliente, surgiu a estratégia omnichannel, que tem como objetivo melhorar a experiência do cliente ao oferecer diversos canais de marketing e vendas integrados, proporcionando ao consumidor uma experiência totalmente multicanal. Uma abordagem omnichannel indica, portanto, que a empresa possui integração entre seus canais de distribuição, promoção e comunicação. Se um cliente busca por um produto na rede social, no e-commerce, por WhatsApp ou na loja física, sua marca deve permitir que ele o faça. Com a estratégia omnichannel, a empresa consegue oferecer o que o consumidor precisa e quando precisa, criando uma experiência única para os clientes, em cada um desses pontos de contato.

6. PRINCIPAIS ROTINAS NOS SERVIÇOS COMERCIAIS

As principais rotinas e fluxos de trabalho das empresas comerciais variam de acordo com o ramo de atividade em que elas atuam, mas, em sua essência, estão relacionadas às vendas dos produtos ou serviços oferecidos. Nesse contexto, o profissional de administração deve estar preparado para apoiar todas as atividades que envolvem o processo de venda. Vamos então analisar melhor o processo de vendas e entender as rotinas básicas nos serviços comerciais.

Uma pesquisa realizada pela Sales Management Association (2008) identificou que 69% das empresas entrevistadas possui um processo de vendas. Quando a análise incluiu apenas as empresas com alta performance em vendas, o percentual aumentou, indicando que 90% delas tem o ciclo de vendas em funcionamento. Ou seja, quanto mais estruturado for o processo de vendas, melhor o resultado da empresa e mais vantajoso para quem trabalha na parte comercial do negócio.

O processo de vendas é uma metodologia composta por etapas e estratégias criadas e aplicadas com o objetivo de padronizar, da melhor forma possível, as atividades necessárias para concluir uma venda. A quantidade de etapas desse processo pode variar entre as empresas, dependendo do produto, do posicionamento, do ticket médio e do tipo de venda realizada por ela. Portanto, cada negócio deve ter o seu próprio processo, mas basicamente ele compreende tudo o que ocorre, desde a prospecção do cliente potencial até o momento de fechar a venda, incluindo, ainda, o pós-venda para fidelizá-lo. Confira na figura 1 um modelo de processo de venda:

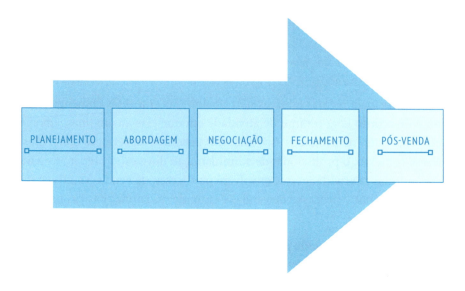

Figura 1 – Modelo de processo de venda.

A sequência de etapas apresentada nesse modelo costuma fazer parte da rotina das empresas comerciais e pode ser adotada por qualquer serviço comercial, independentemente do porte da empresa ou segmento de atuação. Cada uma dessas etapas compreende um conjunto de atividades, todas naturalmente relacionadas ao objetivo final, que é a venda. O profissional de administração em uma empresa comercial pode apoiar ou até mesmo desempenhar várias dessas tarefas. Vamos conhecer um pouco mais sobre essas cinco etapas, bem como as atividades que elas abrangem e como o profissional de administração pode apoiar nessa rotina.

Planejamento

O processo de venda começa com o planejamento. Essa etapa envolve a prospecção de clientes que serão abordados na próxima etapa. Prospectar clientes exige realizar uma pesquisa, a fim de identificar os potenciais consumidores cujas necessidades são atendidas pelas soluções (produto ou serviço) que a empresa oferece. O profissional de administração pode apoiar nessa etapa, realizando essa pesquisa, selecionando e organizando contatos (e-mail, telefone, endereço, etc.) dos clientes potenciais. Ao organizar essa base de contatos, é interessante analisá-los e, se possível, já qualificá-los, detectando quais os mais propensos a fechar o negócio. É importante ainda nessa etapa pensar também sobre como será a abordagem ao cliente, tanto em termos de canal (por exemplo, presencial, telefone ou e-mail), como de conteúdo da apresentação. Feito isso, estamos prontos para entrar em contato com os potenciais clientes.

Abordagem

A etapa de abordagem refere-se ao momento em que se faz contato com os clientes selecionados na etapa anterior. Os métodos de abordagem podem variar entre as empresas. Um método comum é realizar uma aproximação inicial por telefone para se apresentar, explicar o motivo do contato e agendar uma reunião. Se não for possível o contato telefônico com o responsável, envie uma sequência de e-mails para ele(a), a fim de despertar o interesse dele(a) nos seus produtos ou serviços, até conseguir agendar uma reunião, preferencialmente presencial. Então, visite os clientes com quem conseguiu agendar a reunião e apresente a proposta de valor que sua empresa oferece. Escute atentamente e anote as recomendações e feedbacks que ele der.

Nessa etapa, o profissional de administração pode auxiliar, por exemplo, na preparação e envio dos e-mails de apresentação para aqueles contatos que não atenderam a chamada. Ele pode também realizar o controle da relação de clientes ativos, ou seja, que passaram para a etapa de negociação, e os que estão pendentes de agendamento de reunião. É importante também controlar aqueles que, após a reunião, decidiram não seguir adiante para a próxima etapa de negociação, registrando o motivo da recusa no histórico do contato. Dependendo do motivo da recusa, talvez seja possível contactá-los no futuro, em um momento mais oportuno.

Negociação

Agora que os clientes foram abordados, é muito provável que seja necessário negociar com eles antes de fechar a venda. A negociação é o processo no qual se pretende chegar a um acordo entre as partes envolvidas e é fundamental para atingir os objetivos de venda. Mas se você acha que não precisa negociar porque não trabalha com vendas, está enganado. Negociar não é uma atividade presente apenas nas vendas, também ocorre em diversas situações cotidianas. Por isso, todo profissional, inclusive o de administração, deve estar preparado para negociar. Um bom negociador deve dominar a habilidade de comunicação, como veremos no capítulo 8. Além disso, confira algumas dicas importantes para ter sucesso em uma negociação:

- conheça bem seus produtos, sua empresa e seus concorrentes diretos;
- identifique claramente as reais necessidades e expectativas do cliente;
- evite iniciar frases com palavras negativas;
- use linguagem apropriada, de fácil entendimento e seja assertivo;
- evite usar expressões técnicas que o cliente possa desconhecer;
- conquiste confiança agindo com respeito, transparência e honestidade;
- administre conflitos e deixe as diferenças de lado;
- aja com flexibilidade;
- saiba ouvir.

Cuidado ao conduzir a negociação via e-mail. É fato que a maioria das pessoas está sempre com pressa e muitos profissionais fazem do e-mail o principal canal de contato com o cliente, mas isso pode se tornar um problema nessa etapa fundamental do processo de venda – afinal, como é possível ter uma negociação eficiente sem verificar expressões de rosto ou ouvir a entonação da voz do cliente em potencial? Na negociação presencial, o profissional de administração pode acompanhar melhor as reações do cliente e, com base nelas, fazer os ajustes necessários e fechar o negócio.

Fechamento

O resultado de uma boa negociação leva ao fechamento da venda! Nesta etapa ocorre a concretização da venda. Em alguns casos, o fechamento ocorre por meio de propostas de contratos para formalizar o pedido e as condições da venda. O vendedor faz então o pedido (ou insere no sistema), mas seu trabalho não deve parar por aí. Após fechar a venda, é importante acompanhar toda a jornada do pedido, por exemplo, desde a separação no armazém até a entrega, a fim de garantir que o produto enviado foi o correto e que efetivamente chegou em bom estado para o cliente. No momento do fechamento, o profissional de administração pode auxiliar na digitação e no envio das propostas, bem como na tabulação dos atendimentos para dimensionar os resultados obtidos periodicamente pela equipe de vendas, entre outras tarefas.

Pós-venda

Se você achou que o processo de venda terminou com o fechamento e entrega do produto, enganou-se! O pós-venda é a última etapa do processo e é muito importante, por sinal. Nesse momento, a empresa deve verificar se o cliente está satisfeito com o produto ou serviço que ele comprou. Avaliar a satisfação do cliente permite obter feedbacks que podem contribuir para melhorias nos produtos, serviços e processos, além de identificar quantos e quais clientes estão satisfeitos com a compra. Clientes satisfeitos têm maior probabilidade de comprar novamente (fidelização), ao mesmo tempo em que provavelmente promoverão a empresa por meio de uma boa propaganda boca a boca, que ainda é uma das mais eficazes.

Um bom pós-venda também oferece um suporte técnico de qualidade para o cliente, caso ele precise. Problemas podem (e vão) acontecer em alguns casos, mas a forma como a empresa lida para resolvê-los é essencial para reverter uma eventual má impressão do cliente. Infelizmente, muitas empresas "pecam" em não oferecer um bom suporte técnico, tornando a experiência do cliente ruim, o que o fará pensar duas vezes antes de comprar dessa empresa novamente. Essa etapa pode ainda incluir contatos ocasionais com os clientes com o objetivo, por exemplo, de felicitá-los pelo aniversário, enviando uma mensagem por e-mail com um cupom de desconto, ou apenas ligar para saber se está tudo bem, como alguns planos de saúde fizeram durante a pandemia com seus clientes.

O profissional de administração pode desempenhar um papel importante nessas atividades de pós-venda. Ele pode, entre outras tarefas, desenvolver e aplicar pesquisas de satisfação com os clientes, usando ferramentas gratuitas como o Survey Monkey ou Google Forms. Essas ferramentas inclusive já tabulam os resultados, facilitando a sua análise. Documentar sugestões e reclamações também é outra atividade que ele pode realizar e que ajudará bastante a empresa. Por fim, o profissional de administração pode ligar para os clientes que avaliaram bem a empresa e o produto e pedir indicação de novos contatos para incluir na base de novos clientes para prospecção, e assim reiniciar o processo!

A partir das cinco etapas que vimos, bem como das atividades que elas abrangem, confira na figura 2 um exemplo prático de fluxo de rotinas nos serviços comerciais. Trata-se de um esquema que orienta o profissional com relação às ações que deve executar em cada estágio do processo de vendas, organizando e facilitando dessa forma o seu trabalho.

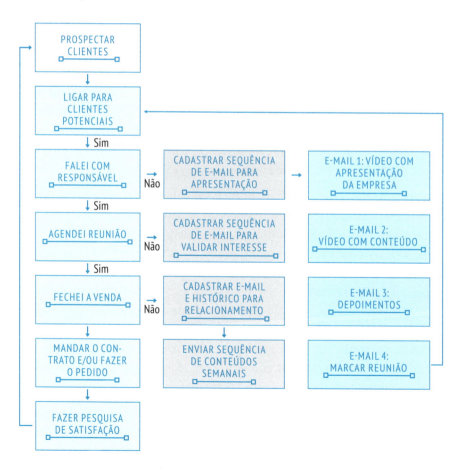

Figura 2 – Fluxo das rotinas básicas nos serviços comerciais.

É importante ressaltar que os profissionais podem contar com bons sistemas e ferramentas para desempenhar suas atividades comerciais. As ferramentas de Customer Relationship Management (CRM) que vimos no capítulo 3 são um bom exemplo. Com elas, é possível gerenciar a relação com o cliente, acessando de qualquer lugar e em qualquer dispositivo todas as informações que precisa, tais como histórico de compras, canais preferidos de atendimento, entre outras informações, permitindo que você atenda de forma personalizada cada cliente.

O Serviço de Atendimento ao Consumidor (SAC) também é uma ferramenta fundamental para o processo de venda. Trata-se de um canal que estabelece o contato direto entre a empresa e seus clientes para apoiá-los nas diferentes etapas da venda. É por meio desse canal, por exemplo, que muitas vezes o consumidor pode conseguir informações, solucionar problemas, esclarecer dúvidas, apresentar sugestões, etc., por telefone, chat on-line, e-mail e outros canais. Com o conhecimento adquirido e essas ferramentas, o profissional de administração poderá ajudar a empresa a construir sua credibilidade, aproximar a marca do consumidor e aumentar as vendas.

PARTE 3

DOMINANDO AS
HABILIDADES HUMANAS
PARA DESENVOLVER
TEXTOS
ADMINISTRATIVOS
E COMERCIAIS COM
EXCELÊNCIA

Eu quero hoje ser melhor do que ontem e amanhã melhor do que hoje; nunca estarei satisfeito, sempre em busca de evolução!

(Frase atribuída a Abílio Diniz)

Habilidade é a capacidade ou competência que uma pessoa tem para desempenhar bem uma atividade ou trabalho. Existem algumas habilidades que são importantes para a maioria das profissões e por isso são muito valorizadas pelo mercado de trabalho. Vamos estudar nesta parte do livro cinco habilidades profissionais importantes para desempenhar serviços administrativos e comerciais com excelência: proatividade, comunicação, trabalho em equipe, alta produtividade e atitude sustentável, ética e cidadã. Essas habilidades se tornam cada vez mais valorizadas com o avanço da tecnologia e da automação Por isso, como disse Paul Petrone (2019), editor do LinkedIn Learning: "Fortalecer uma habilidade pessoal é um dos melhores investimentos que você pode fazer em sua carreira, já que elas nunca saem de moda". Nesse contexto, é importante lembrar que todos nós podemos desenvolver e dominar essas habilidades por meio de treinamentos e acúmulo de experiências para sermos hoje melhor do que ontem, e amanhã melhor do que hoje!

7. PROATIVIDADE

Você provavelmente já deve ter ouvido falar que é muito importante ser proativo no trabalho e na vida! Mas você sabe o que isso significa? Ser proativo é não ter medo (nem preguiça) de ir além de suas funções e responsabilidades básicas, é tomar uma atitude sem que isso seja solicitado por alguém. Profissionais com proatividade são comprometidos e surpreendem, entregando mais do que foi solicitado. Veja a história a seguir:

A lição do abacaxi

João trabalhava em uma empresa há muitos anos. Funcionário sério, dedicado, cumpridor de suas obrigações e, por isso mesmo, já com seus 20 anos de casa.

Um belo dia, ele procura o dono da empresa para fazer uma reclamação:

– Patrão, tenho trabalhado durante esses vinte anos em sua empresa com toda a dedicação, só que me sinto um tanto injustiçado. O Juca, que está conosco há somente três anos, está ganhando mais do que eu e foi promovido para um cargo superior ao meu.

– João, foi muito bom você vir aqui. Antes de tocarmos neste assunto, tenho um problema para resolver e gostaria de sua ajuda. Estou querendo dar frutas como sobremesa ao nosso pessoal após o almoço. Aqui na esquina tem uma quitanda. Por favor, vá até lá e verifique se eles têm abacaxi.

A contragosto e até um tanto indignado pelo estranho pedido, o funcionário foi e voltou quase uma hora depois, pois havia aproveitado para fumar, tomar café na padaria da esquina e conversar com conhecidos que passavam.

Retornou e foi à sala do patrão:

– E aí João?

– Verifiquei como o senhor mandou. O moço tem abacaxi.

– E quanto custa?

– Isso eu não perguntei, não.

– Eles têm quantidade suficiente para atender a todos os funcionários?

– Isso também eu não perguntei.

– Há alguma outra fruta que possa substituir o abacaxi?

– Não sei, não...

– Muito bem, João. Sente-se nesta cadeira e aguarde um pouco.

O patrão pegou o telefone e mandou chamar Juca. Deu a ele a mesma orientação que dera a João:

– Juca, estou querendo dar frutas como sobremesa ao nosso pessoal após o almoço. Aqui na esquina tem uma quitanda. Vá até lá e verifique se eles têm abacaxi, por favor.

Juca partiu para cumprir a missão e, em oito minutos, voltou.

– E então?, indagou o patrão.

– Eles têm abacaxi, sim, e em quantidade suficiente para o nosso pessoal. Se o senhor preferir tem também laranja, banana e mamão. O abacaxi custa R$1,50 cada, a banana e o mamão são R$1,00 o quilo, e a laranja R$20,00 o cento. Mas como eu disse que a compra seria grande, eles me deram 15% de desconto. Aí, aproveitei e já deixei reservado. Conforme o senhor decidir, volto lá e confirmo – explicou Juca.

Agradecendo as informações o patrão dispensou-o. Voltou-se para João que permanecia sentado ali e perguntou-lhe:

– João, o que era mesmo que você estava me dizendo?

– Nada sério, não, patrão. Esqueça. Com licença.

E João deixou a sala.

A moral da história eu deixo por conta de vocês... Vale observar que "antecipar" e "iniciativa" são elementos-chave da ação proativa. A proatividade é, portanto, uma competência de pessoas que se antecipam às situações e tomam iniciativa. Não é à toa que a iniciativa está na lista de habilidades humanas mais desejadas pelo mercado de trabalho, de acordo com o relatório *The future of Jobs* (O futuro do trabalho), do Fórum Econômico Mundial (2020). Afinal, no mundo em que vivemos, no qual a competição entre as empresas está cada vez mais acirrada, as inovações crescem em um ritmo acelerado e a mudança é a única constante, que gestor não prefere um colaborador como o Juca? Nesse ambiente, não há espaço para um profissional passivo, aquele que faz apenas o que lhe é pedido.

Todas as empresas desejam profissionais com proatividade, que transformem as ideias em ações. A boa notícia é que essa habilidade pode ser treinada no dia a dia, em pequenas ações. Um primeiro passo é dedicar-se ao trabalho e comprometer-se a ele. Além disso, não tenha medo de correr riscos calculados e esteja preparado para atuar em situações difíceis. Fique também de olho nas tendências de sua área e, sempre que possível, proponha novos projetos e apresente ideias inovadoras diante de problemas e demandas que aparecerem, agregando assim valor à organização. E lembre-se ainda de que essa é uma habilidade fundamental para os empreendedores. Mostre proatividade e você fará a diferença onde quer que pretenda atuar. A proatividade é um diferencial extremamente importante para o sucesso!

8. COMUNICAÇÃO

Uma boa comunicação é fundamental para o sucesso de qualquer organização. A comunicação efetiva contribui para melhorar a produtividade da empresa e evitar conflitos com colegas de trabalho, superiores e clientes. Falhas na comunicação, por outro lado, podem resultar em erros que geram retrabalho, descumprimento de prazos e perda de oportunidades, entre outros problemas. Como já dizia Chacrinha,[1] "Quem não se comunica, se trumbica". Vamos então aprender um pouco mais sobre a habilidade de comunicação que, de acordo com Robert Half (2019), líder mundial em recrutamento, está entre as cinco habilidades mais valorizadas no mercado.

Comunicação é a transferência de informação de um lugar para o outro. Uma boa comunicação depende da capacidade de uma pessoa em transmitir ideias com clareza, de forma que a mensagem seja compreendida sem ruídos ou desentendimentos. Isso significa que para ser um profissional com boa habilidade de comunicação você não precisa ser extrovertido, nem ser o centro das atenções... basta se fazer entender quando você compartilhar uma informação! Mas, para dominar essa habilidade, temos de ir além e aprofundar nosso conhecimento sobre o processo de comunicação. Entender os diferentes estágios do processo, bem como as diferentes partes envolvidas vai ajudar você a melhorar a comunicação. Veja o fluxo de comunicação, ilustrado na figura 1.

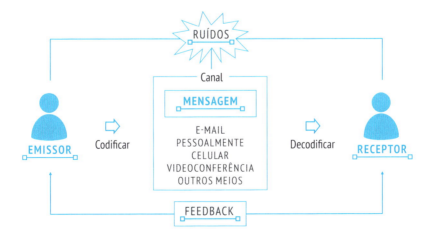

Figura 1 – O processo de comunicação.

---

[1] José Abelardo, mais conhecido como Chacrinha, é considerado um dos grandes comunicadores e animadores da história do rádio e da televisão brasileira.

O emissor é quem inicia o processo de comunicação. Ele é a pessoa quem irá mandar a mensagem, portanto o emissor é o responsável por codificar a mensagem, ou seja, decidir o que irá comunicar e como irá comunicar. O objetivo do emissor é comunicar algo da forma mais precisa possível. Para isso, é importante que ele escolha a forma e o meio de comunicação mais apropriados, além de levar em conta o conhecimento, a educação e a formação do receptor da mensagem, buscando assim garantir que ele se faça entender.

A mensagem, por sua vez, consiste na informação que o emissor deseja transmitir. O emissor pode optar por comunicar a mensagem de forma verbal (comunicação feita por meio da palavra), realizando uma apresentação oral de um seminário em sala de aula, por exemplo, ou enviando um e-mail para um colega de trabalho. Mas essa não é a única forma de se comunicar. A comunicação da mensagem também pode ocorrer de forma não verbal, por meio de imagens, gestos, toques, gosto, cheiros e até sinais de fumaça.[2] Já o canal é o meio que o emissor escolhe para enviar a mensagem que pode ser pessoalmente (cara a cara), por celular (via aplicativos de mensagem), pelo computador (via e-mail ou ferramentas de videoconferência), entre outros.

Por fim, o receptor é o responsável por decodificar (interpretar) a mensagem. Se todo o processo ocorrer corretamente, o receptor será capaz de entender a mensagem e o objetivo será atingido! Mas você já reparou que muitas vezes pessoas podem ouvir a mesma mensagem e entender coisas diferentes? O problema é que podem ocorrer ruídos ao longo do processo de comunicação, fazendo com que a mensagem chegue diferente para o receptor, como no caso da brincadeira do telefone sem fio.[3] Os ruídos representam barreiras que interferem na comunicação efetiva, tais como um chiado durante uma ligação, uma distração, uma dor de cabeça ou ainda um termo técnico que dificulta a compreensão da mensagem. Logo, o emissor deve levar em conta não só o conhecimento do receptor, como também eventuais ruídos que possam atrapalhar a comunicação.

---

[2] Os índios apalaches dos EUA usavam sinais de fumaça para se comunicar, assim como os chineses que protegiam a Grande Muralha.

[3] Telefone sem fio é uma brincadeira de antigamente em que um dos participantes começa elaborando uma frase ou palavra e diz bem baixinho a frase ou palavra escolhida no ouvido do participante que estiver ao seu lado. Em seguida, o participante que escutou repete a frase para o colega do lado e assim por diante até chegar na última pessoa. O último participante fala em voz alta o que entendeu. Raramente a frase ou palavra será a mesma dita pela primeira pessoa.

Para ajudar a resolver os problemas no processo de comunicação, entra em cena um grande aliado: o feedback. O feedback é uma resposta ou um retorno que o receptor dá e que realimenta o processo de comunicação, permitindo ao emissor fazer eventuais ajustes que sejam necessários para assegurar que sua mensagem seja transmitida com sucesso. Lembre-se disso quando for explicar algo para uma pessoa e busque sinais de que o receptor realmente entendeu a mensagem. Mas, fique atento, porque esses feedbacks podem ser verbais ou não verbais, como uma expressão facial de dúvida. E, se o receptor não der feedback, você pode pedi-lo, entendeu?

> **PERGUNTA...**
>
> QUAL O MELHOR CANAL DE COMUNICAÇÃO, EM SUA OPINIÃO? PESSOALMENTE (CARA A CARA), E-MAIL, VIDEOCONFERÊNCIA OU WHATSAPP? POR QUÊ? O CANAL QUE VOCÊ PREFERE PODE VARIAR, DEPENDENDO DA IMPORTÂNCIA OU DO TIPO DE INFORMAÇÃO QUE FOR TRANSMITIDA? POR EXEMPLO, VOCÊ PREFERE AULA PRESENCIAL OU POR VIDEOCONFERÊNCIA? QUANDO É MAIS APROPRIADO O E-MAIL??

Agora que já conhecemos melhor o processo de comunicação, vamos ver algumas recomendações de boas práticas que te ajudarão a melhorar a sua habilidade de comunicação! Um bom comunicador:

- **comunica a mensagem de forma clara e objetiva**: pessoas que falam muito, mas não dizem nada ou simplesmente "enrolam" não são bons comunicadores... é importante ser direto, sem ser agressivo. Comece então estruturando a ordem das informações e avalie as palavras que vai usar, evitando palavras e expressões vagas ou ambíguas como "eu acho" ou "na verdade", que podem gerar dúvida ou confusão no receptor da mensagem, além de poderem prejudicar sua credibilidade.
- **conhece o assunto que vai comunicar**: o ideal é que o emissor sempre fale de assuntos sobre os quais tenha um bom conhecimento (melhor ainda se dominar) ou, pelo menos, familiaridade. Entenda bem o assunto para conseguir explicar com suas próprias palavras e de um jeito

simples o conteúdo abordado. Para explicar bem um assunto, você deve primeiro entendê-lo! Mas às vezes você pode ser designado para falar sobre um tema que não conhece muito bem... nesse caso, se for possível, pesquise sobre o tema e prepare-se previamente. A preparação com antecedência ajuda a diminuir a ansiedade e dar a confiança que você precisa para comunicar bem a mensagem.

- **adéqua a mensagem ao campo de experiência do receptor**: cada pessoa possui uma base de conhecimento de acordo com sua educação, formação e experiências que teve ao longo da vida. Você deve adaptar a mensagem a essa base de conhecimento do receptor evitando, por exemplo, usar termos técnicos ou uma linguagem que ele desconheça. Caso contrário, ele terá dificuldade para (ou poderá até mesmo não conseguir) decodificar a mensagem.

- **escolhe a forma e o canal apropriados para transmitir a mensagem**: algumas empresas possuem um manual de comunicação, com o objetivo de definir as regras e padronizar a sua comunicação. Verifique se na empresa em que trabalha já foi elaborado um manual assim e, caso contrário, estabeleça critérios para sua escolha – por exemplo, se for algo importante, vou falar pessoalmente; se for urgente, vou ligar para o celular e, se for algo que deve ficar documentado, vou utilizar o e-mail. Você também pode alinhar com o receptor da mensagem como ele prefere recebê-la. Mas, atenção: é inapropriado usar os meios de comunicação da empresa para assuntos particulares – não misture comunicação pessoal com a profissional.

- **busca sinais de que a pessoa entendeu a mensagem**: o feedback ajuda a descobrir quais são os obstáculos que te limitam quando você se comunica com os demais. As pessoas podem te dar o feedback verbalmente ou demonstrar por meio de gestos, expressões faciais, entre outras formas não verbais. Mas algumas pessoas podem dar sinais imperceptíveis ou ainda não dar sinais. Use então a empatia, procure se colocar no lugar de quem está ouvindo ou lendo a mensagem e se pergunte se a pessoa está entendendo o que você está dizendo.

- **sabe ouvir**: o processo de comunicação é uma via de mão dupla. Reconheça o momento em que você deve comunicar sua mensagem e quando você precisa parar e deixar a outra pessoa se comunicar e escute-a atentamente. Será que você está deixando que os outros expressem a opinião deles? Um bom comunicador sabe quando é a hora de falar e quando é a hora de ouvir.

- **evita distrações ao se comunicar**: as distrações estão presentes em nosso cotidiano e, como vimos, os ruídos no processo de comunicação prejudicam tanto o emissor, quanto o receptor da mensagem. Quando for se comunicar, sempre que possível desligue o celular (ou deixe no modo silencioso), busque um local tranquilo sem barulho ou interrupções de outras pessoas e foque (concentre-se) no momento presente em que a mensagem está sendo transmitida ou recebida.

- **certifica-se sobre o grau de confidencialidade da informação**: alguns comunicados podem ser divulgados abertamente para clientes, fornecedores, etc. Já outras informações devem estar limitadas ao âmbito interno da empresa ou ainda possuir restrição de acesso. Imagine que você esteja trabalhando no RH, lidando com dados pessoais dos colaboradores, ou na área de vendas, com dados particulares dos clientes. De acordo com a Lei Geral de Proteção de Dados Pessoais (LGPD), que tem o objetivo de proteger a liberdade e a privacidade de consumidores e cidadãos, os colaboradores que lidam com dados de pessoas e clientes devem assegurar o sigilo das informações e o compartilhamento desses dados sem consentimento pode acarretar penalidades rigorosas para a organização. Além disso, a confidencialidade também pode dizer respeito a uma informação estratégica que não deve "cair nas mãos" da concorrência. Antes de compartilhar uma informação, confirme quem pode ter acesso a ela.

- **verifica a informação antes de compartilhá-la**: com o grande volume de informações que recebemos no dia a dia e a facilidade que temos à disposição para encaminhar essas informações, é cada vez mais frequente que as pessoas comuniquem mensagens que elas leem às pressas e "automaticamente" compartilham com as pessoas (dentro e fora do trabalho), sem checar se as informações não contêm erros ou se estão confusas. Faça um *double check* (checagem dupla) da mensagem antes de comunicá-la para assegurar a autenticidade, clareza e veracidade das informações. Verifique também a credibilidade da fonte da informação para confirmar que não se trata de *fake news* (notícia falsa).

A forma como você se comunica (palavras, linguagem corporal, etc.) diz muito sobre você! Para complementar, confira na figura 2 algumas dicas úteis mais específicas de acordo com o canal de comunicação que você for usar para que o seu comportamento esteja adequado ao ambiente de trabalho, evitando falhas de entendimento:

- ORGANIZE AS IDEIAS E PALAVRAS ANTES DE FALAR (SEJA COERENTE);
- ATENÇÃO AO TOM DE VOZ (QUE INSPIRE CONFIANÇA);
- ALINHE A SUA LINGUAGEM CORPORAL AO SEU DISCURSO;
- FIQUE ATENTO À LINGUAGEM CORPORAL DAS OUTRAS PESSOAS;
- RECOMENDADO QUANDO: RESOLVER ASSUNTOS IMPORTANTES.

- MANTENHA UM TOM DE VOZ ADEQUADO (NÃO MUITO ALTO);
- PROCURE SABER OS HORÁRIOS DE TRABALHO DA PESSOA COM QUE VOCÊ QUER SE COMUNICAR;
- BUSQUE LUGAR RESERVADO PARA FALAR DE ASSUNTOS SENSÍVEIS;
- RECOMENDADO QUANDO: CONTATO ÁGIL PARA RESOLVER PROBLEMAS.

- NÃO DEMORE PARA RESPONDER E EVITE COPIAR MUITAS PESSOAS NO E-MAIL;
- REVISE A ORTOGRAFIA E GRAMÁTICA ANTES DE ENVIAR;
- CUIDADO COM EXCESSOS E INFORMALIDADE. MANTENHA UMA POSTURA FORMAL (EVITE USAR ABREVIAÇÕES COMO "VC", "NAUM" OU CAPSLOCK);
- RECOMENDADO QUANDO: FOR IMPORTANTE FICAR DOCUMENTADO OU ASSUNTO NÃO TÃO URGENTE.

- ADOTE A COMUNICAÇÃO S.C.O.T: SEGURANÇA, CLAREZA, OBJETIVIDADE E TRANSPARÊNCIA;
- EVITE SE COMUNICAR COM MUITAS PESSOAS AO MESMO TEMPO;
- NÃO DEMORE PARA RESPONDER (INFORME AS PESSOAS SE FOR DEMORAR);
- VEJA RECOMENDAÇÕES DE E-MAIL QUE TAMBÉM SÃO VÁLIDAS PARA CHAT;
- RECOMENDADO QUANDO: PRECISAR DE SOLUÇÃO EM TEMPO REAL.

- MANTER MICROFONE NO MUDO (QUANDO NÃO ESTIVER FALANDO) E USE FONE DE OUVIDO;
- TESTE SEMPRE A TECNOLOGIA ANTES DA REUNIÃO;
- NÃO FAÇA VÁRIAS COISAS AO MESMO TEMPO DURANTE A REUNIÃO;
- ESCOLHA UM AMBIENTE RESERVADO E PREPARE O AMBIENTE DE FUNDO;
- RECOMENDADO QUANDO: HOME OFFICE.

Figura 2 – Dicas de comunicação no trabalho por canal.

E, quando for escolher o canal de comunicação, lembre-se da pirâmide da comunicação exibida na figura 3, que poderá lhe ajudar a decidir qual o canal mais adequado para você comunicar a sua mensagem:

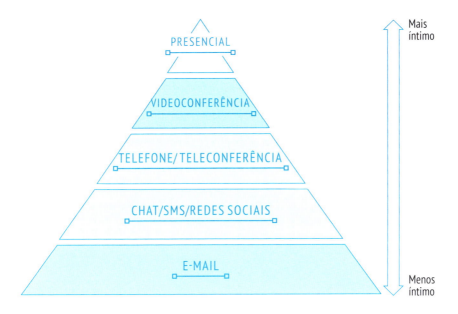

Figura 3 – Pirâmide da comunicação. Fonte: Osman (2014).

ATIVIDADE EM GRUPO...

DIVIDA O GRUPO EM PARES, SENDO QUE UM ASSUMIRÁ O PAPEL DE LOCUTOR E O OUTRO DE OUVINTE. O LOCUTOR DEVERÁ DESCREVER O LUGAR ONDE ELE(A) GOSTARIA DE PASSAR AS FÉRIAS, MAS SEM ESPECIFICAR UM DESTINO. O TRABALHO DO OUVINTE É OUVIR ATENTAMENTE O QUE ESTÁ SENDO DITO (E NÃO DITO). DEPOIS DE ALGUNS MINUTOS, O OUVINTE DEVE RESUMIR OS TRÊS PRINCIPAIS CRITÉRIOS QUE O LOCUTOR MENCIONOU SOBRE AS CARACTERÍSTICAS DOS LUGARES ONDE GOSTA DE PASSAR FÉRIAS. O OUVINTE DEVE, A PARTIR DESSAS INFORMAÇÕES, VENDER AO LOCUTOR UM PACOTE DE VIAGEM PARA ELE PASSAR AS FÉRIAS. DEPOIS DE ALGUNS MINUTOS, INVERTA O PAPEL E FAÇA O EXERCÍCIO NOVAMENTE. ESSA É UMA BOA ATIVIDADE PARA MOSTRAR A IMPORTÂNCIA DE SER UM OUVINTE ATIVO E DÁ A CHANCE DE TODOS PRATICAREM ESSA HABILIDADE.

A habilidade de se comunicar bem é essencial para o sucesso dos profissionais da administração e também de todas as demais áreas. Aqueles que têm a capacidade para iniciar conversas com todos os tipos de pessoas e que, quando explicam assuntos complexos aos demais, conseguem fazer com que eles entendam bem a mensagem, se destacam no mercado de trabalho. Além disso, uma boa comunicação contribui diretamente para a nossa próxima habilidade: trabalho em equipe. Afinal, agir de maneira cooperativa exige que a pessoa se conecte aos demais e saiba como se expressar e apresentar suas ideias. Mas, lembre-se: não basta apenas estudar sobre a comunicação... essa habilidade tem de ser praticada e aprimorada dia a dia. Domine a "arte" da comunicação e você será um profissional indispensável para a organização.

9. TRABALHO EM EQUIPE

"Pense no cérebro humano como se fosse uma bateria elétrica", como propõe o influente escritor norte-americano Napoleon Hill, em seu livro *Quem pensa enriquece*. Segundo o autor, "É fato notório que um grupo de baterias elétricas fornecerá mais energia que uma única bateria". Isso significa que um grupo de cérebros coordenados num espírito de cooperação fornece mais energia de pensamento do que um único cérebro sozinho, assim como um grupo de baterias elétricas fornecerá mais energia do que uma única bateria. Essa metáfora mostra que a colaboração traz melhores resultados. Por isso, muitos processos de seleção para oportunidades de emprego incluem a etapa de dinâmica de grupo para avaliar os candidatos com relação à capacidade de trabalhar bem em equipe, entre outras competências. Vamos entender melhor essa habilidade, que é indispensável para seu sucesso profissional, e aprender como desenvolvê-la.

O trabalho em equipe acontece quando um grupo de pessoas coopera usando suas habilidades individuais para atingir objetivos comuns – nesse caso, os da organização. Trata-se então do espírito colaborativo, responsável por conduzir tarefas em grupo. Trabalhar em equipe significa entender que somente um trabalho conjunto garante resultados positivos, e para isso você ajuda e é ajudado, com confiança e sem egoísmo.

Figura 1 – Trabalho em equipe. Fonte: Freepik.

Agora, imagine-se em um ambiente organizacional com pessoas de diferentes idades (gerações), etnias, religiões, classes sociais, orientações sexuais, áreas de formação, etc., que provavelmente terão diferentes experiências e pontos de vista e, consequentemente, diferentes formas de pensar e agir! A riqueza dessa diversidade pode ter um impacto muito positivo na empresa, contribuindo para ideias e soluções mais criativas e inovadoras, mas também traz grandes desafios, que exigem que sejamos flexíveis e que saibamos extrair o melhor das diferenças. E como podemos desenvolver nossa capacidade de trabalhar bem em grupo?

Trabalho em equipe consiste em um conjunto de habilidades inter-relacionadas que permitem você interagir de forma eficaz em um grupo organizado, então vamos conhecer quais são as principais habilidades que estão relacionadas à capacidade de trabalhar em equipe. Todas as aptidões que estão sendo apresentadas na parte 3 deste livro, por exemplo, contribuem de alguma forma para fortalecer a competência de trabalhar bem em grupo. Uma pessoa proativa vai além das suas funções e responsabilidades, ajudando um colega de trabalho, quando necessário; um bom comunicador se expressa bem, evitando conflitos com as demais pessoas do grupo; um colaborador produtivo desempenha suas atividades com eficiência, entregando sua parte dentro do prazo para a equipe atingir o objetivo, e um profissional ético estabelece uma relação de confiança com os demais membros do time, criando um clima de harmonia na equipe.

Mas um dos grandes segredos para trabalhar bem em equipe é desenvolver sua inteligência emocional! As características que constituem a inteligência emocional são uma junção das inteligências interpessoais e intrapessoais. A inteligência interpessoal refere-se às habilidades sociais para as interações com outras pessoas, já a inteligência intrapessoal se refere às habilidades que se possui para relacionar-se consigo mesmo(a). De acordo com o renomado escritor Daniel Goleman,[1] a inteligência emocional pode ser subdivida em cinco habilidades-chave específicas que determinam nosso êxito no trabalho, nos relacionamentos, e até no nosso bem-estar físico. Veja na figura 2 quais são essas cinco habilidades.

---

[1] Daniel Goleman é um psicólogo, escritor e jornalista norte-americano, autor do best-seller *Inteligência emocional*, que transformou a maneira de pensar a inteligência.

Figura 2 – As cinco habilidades que compõem a inteligência emocional.

A **autoconsciência** diz respeito à capacidade de reconhecer nossos sentimentos no momento exato em que eles ocorrem, ou seja, trata-se de um autoconhecimento emocional. Uma pessoa que tem inteligência emocional consegue identificar as suas emoções com mais facilidade (e dar um tratamento saudável a elas!). Já aqueles que são incapazes de observar seus verdadeiros sentimentos, serão dominados por eles. Para reconhecer as emoções, é necessário estarmos com atenção plena (focados) no momento presente que estamos vivenciando e nossa mente deve investigar o que estamos sentindo. Essa consciência das emoções é a habilidade essencial que forma a base para outras aptidões, como o autocontrole emocional, que veremos a seguir.

O **autocontrole** está relacionado com a capacidade de o indivíduo lidar com as próprias emoções, controlando seus impulsos e canalizando emoções para situações adequadas. A verdade é que emoção na dose certa é um grande desafio, como já dizia Aristóteles, em sua obra *Ética a Nicômaco*: "Qualquer um pode zangar-se, isso é fácil. Mas zangar-se com a pessoa certa, na medida certa, na hora certa, pelo motivo certo e da maneira certa não é fácil". Para desenvolver essa habilidade, aprenda a frear as reações negativas, identificando os "gatilhos" que despertam essas reações, pare para respirar (contar até dez já é um começo) para se acalmar nessas situações ou, ainda, peça para que alguém te ajude a se controlar. Além disso, sempre tome as decisões importantes em momentos de lucidez e nunca quando você estiver com ansiedade, tristeza ou irritabilidade. Esse esforço vale a pena, porque pessoas com equilíbrio emocional se controlam em momentos difíceis e têm capacidade para suportar com naturalidade as situações de máximo estresse, garantindo seu bem-estar e mantendo uma relação saudável consigo e com as pessoas ao seu redor!

Com relação à **automotivação**, essa é uma capacidade de pessoas que conseguem se automotivar e seguir em frente, mesmo diante de frustrações e desilusões. Quem tem essa capacidade, entra em um estado de "fluxo", encontrando caminhos para atingir seus objetivos e tende a apresentar uma produtividade mais alta e eficácia em qualquer atividade que realize (o que é fundamental, em especial para os empreendedores!). Mas, como não se abalar quando as coisas não saírem como você planejou ou não estiverem de acordo com as suas expectativas? Uma forma de manter-se motivado em cenários de crise é manter o foco no objetivo, aceitando adiar a satisfação do momento presente, pensando na recompensa futura e, claro, praticando sempre a gratidão! A habilidade de se motivar e de se manter motivado é sem dúvida uma das grandes vantagens das pessoas com inteligência emocional.

Já a **empatia**, por sua vez, refere-se à capacidade de enxergar as situações pela perspectiva dos outros. Para isso, é necessário saber ouvir a outra pessoa e colocar-se no lugar dela, seja um colega de trabalho, seja um cliente, seja um familiar. As pessoas empáticas captam os sutis sinais sociais que indicam o que os outros precisam ou querem. Isso é essencial, por exemplo, para aqueles profissionais que lidam diretamente com o atendimento ao cliente e na área de prestação de serviços, pois precisam identificar ou até mesmo antecipar, por meio da empatia, aquilo que seus clientes realmente necessitam. Ao compreender os problemas do outro, você pode, inclusive, entregar além do que esperam de você. A empatia se desenvolve com a prática, primeiro de forma consciente (escutando atentamente as dúvidas e necessidades do outro e tomando notas), e depois convertendo isso num hábito diário. Vale lembrar que a empatia é uma habilidade muito valorizada nos dias de hoje, porque as empresas não buscam somente bons profissionais, mas também profissionais mais humanos.

Por fim, o **relacionamento interpessoal** corresponde à habilidade de gerenciar relacionamentos. Em uma interação social, há um conjunto de capacidades envolvidas que, quando dominadas, permitem criar e cultivar um bom relacionamento com as pessoas. As pessoas excelentes nessas aptidões se dão bem em qualquer atividade que envolva interação com os outros e são verdadeiros ímãs sociais, atraindo todos que estão à sua volta. Por isso, essas atitudes são muito valiosas e bem requisitadas no meio corporativo. Vamos conhecer a seguir algumas das principais aptidões que reforçam a popularidade, a liderança e a eficiência interpessoal:

- **saber ouvir**: bons profissionais são participativos, mas também deixam os outros falarem e contribuírem com suas ideias. Além disso, pedem opiniões para os demais, pois estão dispostos a aprender com os outros colaboradores. Afinal não estamos sempre certos, nem sabemos tudo. Saber ouvir implica também escutar feedbacks e aprender a estar aberto para receber críticas construtivas.

- **mostrar respeito**: além de saber ouvir, é preciso respeitar as demais opiniões, mesmo quando elas não estão de acordo com a sua. Algumas pessoas, quando se comunicam, tentam impor, em vez de propor as suas ideias. É importante expor seu ponto de vista, porém tenha moderação. Saiba apresentar as suas ideias, escutar e respeitar as opiniões alheias diversas das suas... Seja ousado(a), mas sempre respeitando o outro!

- **ter paciência**: como vimos no início do capítulo 3, você com certeza irá se deparar no trabalho com pessoas que pensam e agem diferente de você, e isso pode gerar discussões "acaloradas". Em momentos como esse, é muito importante manter o respeito e ter paciência! Pessoas pacientes têm a habilidade de passar por situações difíceis sem perder a calma e a concentração. Lembre-se de que alcançar a meta pretendida pela empresa é mais importante do que ganhar uma discussão.

- **estabelecer uma relação de confiança**: para construir uma relação de confiança, é importante mostrar coerência entre o que você diz e o que você faz. Outra característica importante de pessoas de confiança é que elas cumprem o que prometem. Estabelecer uma relação de confiança também implica em honestidade de ambas as partes. Se você não gostou de algo, é melhor dar um feedback construtivo para a pessoa do que falar mal dela por trás para os outros. Uma relação de confiança é a base para um trabalho em grupo.

- **cooperar**: com certeza, vão surgir desafios dentro e fora do ambiente de trabalho. Cooperar é ajudar um membro do grupo que esteja com alguma dificuldade. Essa ajuda mútua cria um sentimento de união que fortalece o grupo. Por isso, o trabalho em equipe tem como um elemento essencial a cooperação. Coloque-se à disposição das pessoas quando precisarem de você, se necessário, contribuindo além das suas responsabilidades, e você irá potencializar mais essa habilidade.

- **resolver conflitos**: é natural que eventualmente surjam desentendimentos em um trabalho em equipe, por isso a habilidade de resolver conflitos é tão valiosa. Se você tiver algum conflito com uma ou mais pessoas do grupo, busque resolver o problema da melhor forma possível, a fim de identificar o que realmente o ocasionou. Ao descobrir a fonte do problema, busque uma boa solução, que, em geral, é aquela que as próprias pessoas envolvidas no conflito oferecem, e que esteja de comum acordo entre as partes.

PARA PENSAR...

AGORA QUE VOCÊ JÁ CONHECE AS APTIDÕES QUE COMPÕEM A HABILIDADE DE GERENCIAR RELACIONAMENTOS, DE 0 A 10, QUAL NOTA VOCÊ DÁ PARA A QUALIDADE DAS SUAS RELAÇÕES COM SEUS COLEGAS DE TRABALHO HOJE? BUSQUE SEMPRE AVALIAR SEUS RELACIONAMENTOS INTERPESSOAIS, PENSANDO NO QUE VOCÊ PODE E DEVE MELHORAR. PEÇA FEEDBACKS AOS SEUS SUPERIORES E COLEGAS MAIS PRÓXIMOS E BUSQUE EVOLUIR SEMPRE.

Em resumo, de acordo com os psicólogos Peter Salovey e John D. Mayer (2004), inteligência emocional é: "A capacidade de perceber e exprimir a emoção, assimilá-la ao pensamento, compreender e raciocinar com ela, além de saber regulá-la em si mesmo e nos outros". Aprimore sempre essas habilidades e domine a arte de trabalhar em equipe. Além disso, trate cada pessoa de forma personalizada (como ela gosta de ser tratada, e não como você acha que deve tratá-la) e amplie, sempre que possível, sua rede de contatos (*networking*), por exemplo conhecendo novas pessoas em reuniões, eventos, workshops, cursos e sempre que tiver oportunidade.

ATIVIDADE EM GRUPO...

TORRE DE PAPEL: REÚNA-SE COM SEUS COLEGAS EM GRUPOS DE TRÊS PESSOAS.

> **PASSO 1:** DISTRIBUA ENTRE 18 A 20 FOLHAS DE PAPEL TAMANHO A4 POR EQUIPE.

> **PASSO 2:** ORIENTE AS EQUIPES A CONSTRUÍREM A TORRE MAIS ALTA POSSÍVEL EM 5 MINUTOS APENAS USANDO AS FOLHAS DE PAPEL (AS FOLHAS PODEM SER DOBRADAS OU RASGADAS, MAS NÃO É PERMITIDO USAR NENHUM OUTRO TIPO DE MATERIAL ALÉM DAS FOLHAS!).

> **PASSO 3:** MEÇA AS TORRES CONSTRUÍDAS AO FINAL DO TEMPO PARA DETERMINAR A EQUIPE VENCEDORA.

OBSERVAÇÃO: DEPOIS DE PRATICAR A ATIVIDADE, CONFIRA A TED TALK *BUILD A TOWER, BUILD A TEAM*, POR TOM WUJEC (2010), PARA ENTENDER MELHOR OS MECANISMOS POR TRÁS DE UM TIME DE SUCESSO.

Tenha em mente que o trabalho em equipe é uma habilidade muito valorizada pelo mercado. Por isso, é muito importante você se sentir bem em colaborar com todas as pessoas e aprender a cooperar em espírito de harmonia. A habilidade de trabalhar em equipe, por sua vez, é potencializada pela inteligência emocional, pois o profissional que utiliza a inteligência emocional no trabalho sabe como ter equilíbrio para lidar com as mais variadas pessoas e situações. Felizmente, podemos desenvolver nossa capacidade de trabalhar bem em grupo ao pôr em prática as habilidades que aprendemos, até convertê-las em hábito. Trabalhar em equipe tem seus desafios... mas, lembre-se: "Se quer ir rápido, vá sozinho. Se quer ir longe, vá em grupo" (Provérbio africano).

SUGESTÕES DE LEITURA...

> LIVRO *COMO FAZER AMIGOS E INFLUENCIAR PESSOAS*, DE DALE CARNEGIE.

10. ALTA PRODUTIVIDADE

Em um processo de criação de produtos e/ou serviços, nós temos *inputs* (entradas) e *outputs* (saídas). Os *inputs* seriam os fatores de produção que correspondem ao conjunto de elementos essenciais para o processo produtivo de um determinado bem ou serviço, entre eles a mão de obra, máquinas e insumos. Já o *output* seria a produção, que pode ser definida como a quantidade de bens e serviços produzidos. A produtividade é representada geralmente como a relação entre os *outputs* e *inputs*. Logo, a produtividade é uma taxa que pode ser calculada, por exemplo, dividindo-se a quantidade de unidades produzidas durante um dado período pela quantidade de horas de trabalho empregadas para produzi-la. Por isso, a produtividade é considerada uma medida que mostra a eficiência do processo produtivo de uma empresa. Quanto maior for a relação entre a quantidade produzida por fatores utilizados maior será a produtividade, conforme mostra a figura 1.

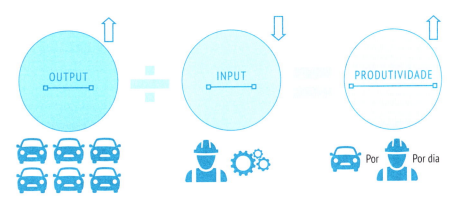

Figura 1 – Produtividade.

A produtividade média de um brasileiro típico vem se mantendo muito baixa nos últimos trinta anos. De acordo com o professor Sérgio Sakurai, da FEA-RP/USP, enquanto um trabalhador brasileiro leva uma hora para fazer um produto ou serviço, um norte-americano faz o mesmo produto ou serviço em 15 minutos e um alemão ou coreano, em 20 minutos (FERRAZ JR., 2020). Então teríamos que trabalhar mais para resolver esse problema? Não! Pesquisas da Organização Internacional do Trabalho (OIT) e da

Organização para a Cooperação e Desenvolvimento Econômico (OCDE), de 2019, revelam que trabalhar por mais horas não significa render mais. Os estudos mostram que, no Brasil, trabalha-se mais horas do que em vários países ricos do mundo. Voltando à nossa comparação entre países, a média semanal de trabalho na Alemanha é seis horas menor do que no Brasil. No entanto, o trabalhador alemão consegue ser três vezes mais produtivo. Isso é um sinal de que podemos melhorar muito a nossa produtividade.

Segundo Christian Barbosa (2018),[1] os profissionais não são produtivos no trabalho por várias razões, tais como excesso de prioridades e urgências, falta de planejamento, procrastinação, má utilização do e-mail e das redes sociais, má condução de reuniões, falta de objetivos claros e interrupções constantes, além de tentar fazer várias atividades ao mesmo tempo. Em meio a essa realidade, ser um profissional produtivo já é um grande diferencial no mercado de trabalho. Mas como podemos melhorar nossa produtividade pessoal e criar *outputs* que sejam relevantes (de alto impacto) e consistentes ao longo do tempo?

Muitas vezes parece que não temos horas suficientes no dia para fazer tudo que queremos... estamos constantemente com pressa e lutando para terminar nossas tarefas profissionais e pessoais dentro do prazo. Parece que estamos o tempo inteiro ocupados. Porém, ser ocupado e ser produtivo são duas coisas totalmente diferentes! Por exemplo, é mais produtivo dar um telefonema que pode dobrar as vendas da empresa do que ocupar meu tempo respondendo a cem e-mails que não fazem nenhuma diferença (ou fazem pouca diferença) para o resultado do meu trabalho. Para melhorar nossa produtividade pessoal, podemos adotar boas práticas a partir dos três principais pilares da alta produtividade, ilustrados na figura 2 e explicados a seguir.

---

[1] Christian Barbosa é empreendedor, especialista em gestão do tempo e produtividade e autor do livro *A tríade do tempo*.

Figura 2 – Os pilares da alta produtividade.

Planejamento e organização

É muito comum ouvir as pessoas se queixarem da falta de tempo, mas muitas vezes a "falta de tempo" é reflexo da falta de planejamento e organização. Pessoas altamente produtivas planejam e se organizam! Elas sabem que podem criar o futuro que desejam e começam a fazê-lo definindo seus objetivos e elaborando planos de ação para tornar os seus sonhos realidade. Caso contrário, elas percebem que vão estar ocupadas demais para alcançar suas metas profissionais e de vida.

Comece então estabelecendo seus objetivos de curto, médio e longo prazo: eles serão seu norte, como em uma bússola, mostrando para onde você deve direcionar a maior parte dos seus esforços. A partir dos seus objetivos, você pode fazer um planejamento para o ano, o mês, a semana ou para o seu dia. No caso do planejamento diário, crie, preferencialmente um dia antes, uma lista com as atividades que você terá de fazer no dia seguinte. Certifique-se de que representem planos de ação que estão alinhados com seus objetivos. Você pode chamar essa lista de *to do*, que em inglês significa uma lista de "coisas para fazer". Essa lista pode ser escrita em uma agenda física, celular (existem apps para isso) ou no computador – só não deixe essas informações apenas na sua cabeça, porque você estará ocupando espaço na memória e provavelmente irá se esquecer de algo.

É possível que a lista fique um pouco grande, algumas pessoas tentam "abraçar o mundo com as mãos"... nesse caso, você pode recorrer à ajuda do princípio KISS, acrônimo em inglês que significa *keep it simple, stupid*[2] (traduzindo para o português, "mantenha simples, estúpido"). Trata-se de um princípio geral que valoriza a simplicidade e defende que toda a complexidade desnecessária seja descartada. Na sua empresa, na empresa em que você trabalha ou na vida, a ideia é simples: descomplique. Não devemos nos encher de assuntos e atividades sem interesse, e sim dar mais valor ao que nos é essencial. Isso pode evitar angústias, reduzir tentativas, evitar decepções e nos levar com mais tranquilidade ao que procuramos. Aplique o princípio KISS à sua lista, removendo aquilo que não é essencial (simplificando sua lista) e deixando apenas o que é importante. A ideia aqui é fazer mais com menos, ou seja, escolher menos atividades e fazer bem-feito!

Agora que você está com uma lista mais enxuta e realista, estime uma previsão de tempo para realizar as tarefas, estabeleça prazos para a conclusão de cada tarefa e monte o seu cronograma. Nessa etapa, uma dica é agrupar atividades que sejam similares ou estejam relacionadas. Essa técnica para organizar atividades ajuda a evitar a troca frequente entre tarefas diferentes, o que diminui a produtividade, como veremos mais adiante. Agora pergunte-se: Estou usando bem o meu tempo? Minhas atividades estão me ajudando a chegar mais próximo dos meus objetivos? Se a resposta for não, revise seu planejamento. Se a resposta for sim, você chegou à melhor parte. Marque com risque o que já foi feito ao longo do dia e aproveite a sensação de dever cumprido!

Tenha em mente que ter algo, mesmo não sendo o planejamento perfeito, é melhor do que não ter nada. Não planejar seu tempo é o mesmo que deixar a vida fluir como um rio: você vai acabar como um peixe, na mesa de

---

[2] KISS (*Keep it simple, stupid*) é uma frase atribuída ao engenheiro Kelly Johnson. Trata-se de um princípio de design que surgiu em 1960 na Marinha dos EUA, cuja filosofia prega a genialidade da simplicidade (foco no essencial) e o "keep it simple", além de ser um trocadilho de "princípio do beijo". Também em linha com essa filosofia, pode significar manter curto e simples, manter simples e direto, bem como manter inteligente e simples. Serve como fórmula útil em diversas áreas como TI, engenharia e no planejamento estratégico. Variações comuns são: "keep it sweet & simple", "keep it short & simple", "keep it simple, silly" e "keep it simple, but sensational".

alguém ou nadando aleatoriamente. Pessoas altamente produtivas sabem que vão encontrar obstáculos e que as coisas podem não sair exatamente como o planejado, mas o que as diferencia das demais é que elas buscam antecipar problemas e revisam seu planejamento, incluindo soluções ou estratégias para lidar com os problemas que aparecerem.

Por fim, você não deve se limitar a organizar apenas as suas tarefas. Procurar documentos, relatórios, planilhas, cartões de contato e apresentações em locais bagunçados pode tomar bastante tempo de trabalho. Se quiser melhorar sua produtividade, procure manter o material de escritório no seu devido lugar, use divisórias para os documentos, coloque-os em gavetas e identifique as gavetas com etiquetas de acordo com o conteúdo de cada uma. Organize também suas pastas virtuais de maneira eficiente e prática, seguindo estas dicas:

- nomeie os arquivos corretamente, inserindo datas e versões;
- agrupe os arquivos em pastas com uma estrutura lógica para você;
- salve imediatamente os novos arquivos que você criar na pasta correta;
- remova as pastas vazias e arquivos duplicados;
- crie um atalho na área de trabalho (desktop) do seu computador para a pasta ou arquivos que você usa com mais frequência, agilizando o acesso a eles (não exagere, para não poluir sua tela inicial).

Não se esqueça de guardar uma cópia de segurança (fazer um *backup*) dos arquivos importantes em um HD externo, pen drive, cartão de memória ou na nuvem. Portanto, a organização dos seus ambientes físicos e digitais é fundamental, contribuindo assim para reduzir o desperdício de tempo provocado pela desorganização.

Gestão do tempo

Produtividade e gestão do tempo são dois conceitos que devem caminhar lado a lado. Como o dia tem 24 horas, a solução para ser mais produtivo é aprender a gerenciar melhor as horas do seu dia. Ser altamente produtivo não significa, portanto, trabalhar mais, e sim focar e trabalhar no que é realmente importante. O problema é que, em geral, estamos acostumados a nos ocupar com atividades urgentes ou não importantes, deixando de lado as importantes. Para começar a administrar bem o seu tempo é necessário classificar corretamente o que é, de fato, prioridade.

Vamos supor que você ficou "preso" em uma reunião e isso impactou no planejamento que você fez para o seu dia. Agora, você não vai mais conseguir cumprir tudo o que se havia proposto na sua lista de coisas para fazer... Profissionais altamente produtivos não se desesperam nem se estressam, porque eles fazem muito bem a gestão do seu dia na empresa. Para isso, eles priorizam o que não podem deixar de fazer de jeito nenhum. Isso significa manter o foco nas *most important tasks* (MITs) – traduzindo para o português, "tarefas mais importantes". A teoria por trás das MITs conclui que qualquer lista de tarefas tem algumas atividades que são mais importantes que outras. Se você deixar para o final da lista (ou riscar fora) as atividades menos importantes, conseguirá focar nas tarefas que são mais relevantes. Mas, como identificar quais tarefas são as mais importantes?

Uma forma de priorizar as tarefas da sua lista é aplicar a regra 80/20. Essa regra é baseada no princípio de Pareto,[3] que afirma que aproximadamente 80% dos efeitos surgem a partir de apenas 20% das causas. Essa proporção pode ser aplicada pelo administrador em diversas situações, para identificar onde ele deve focar seus esforços. Nesse caso, vamos colocar a regra 80/20 a favor da produtividade. Identifique 20% das suas tarefas que contribuem 80% para alcançar resultados desejados. A partir dessa análise, concentre seu tempo e seus esforços para trabalhar nesses 20% de tarefas que serão sua prioridade, ou seja, suas MITs!

Além disso, você também pode recorrer à ajuda da matriz de Eisenhower. Essa ferramenta auxilia as pessoas a gerenciar seu tempo da melhor forma possível, hierarquizando as tarefas, da mais importante para a menos importante. A matriz nada mais é do que um quadro que possibilita a distribuição e organização das tarefas diárias de acordo com critérios de urgência e importância. Por isso, ela também é conhecida como matriz Urgência x Importância. A ideia é que todas as suas tarefas podem ser distribuídas e organizadas em quatro quadrantes, conforme mostra a figura 3:

---

[3] O princípio de Pareto foi criado por Joseph Moses Juran, que o nomeou em homenagem ao economista italiano Vilfred Pareto, que observou em seus estudos que 20% da população dos mais ricos de seu país detinham 80% da riqueza.

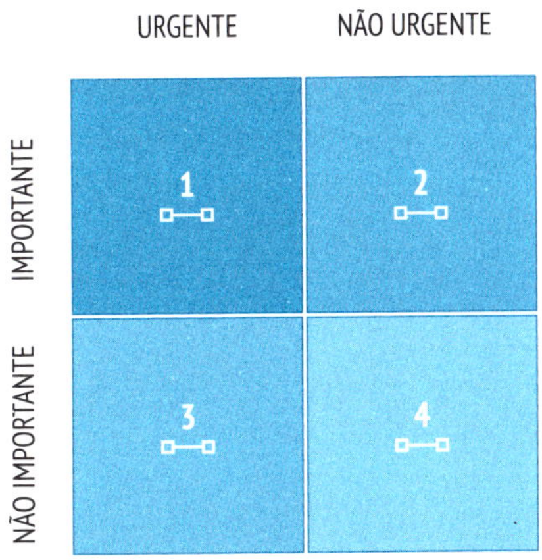

Figura 3 – Matriz de Eisenhower ou matriz Urgência × Importância.

No quadrante 1, você deve listar as tarefas que são importantes e urgentes. São as atividades que precisam ser realizadas o quanto antes e são realmente importantes na sua vida. Essas tarefas têm prioridade máxima e devem ser feitas já! Uma vez concluídas essas tarefas, você pode passar para o quadrante 2, das tarefas importantes, mas não tão urgentes. Como elas não são urgentes, não requerem ação imediata, e você pode programá-las na sua agenda, se for o caso. Mas não deixe de cumprir essas tarefas, pois elas são importantes para você atingir seus objetivos. Agora, você passa para as atividades do quadrante 3, que são urgentes, mas não importantes. Execute-as, mas faça um esforço para despender pouco tempo com elas e, se possível, delegue para alguém fazer. Por fim, chegamos às tarefas do quadrante 4, onde estão as tarefas que não são urgentes, nem importantes. Costumam ser tarefas supérfluas, desnecessárias e que não acrescentam nada – portanto, se possível, elimine-as.

Como você pode ver, a matriz de Eisenhower é uma forma fácil de definir como priorizar suas tarefas, de modo que as mais importantes não sejam deixadas de lado pelas que aparecem de repente ou que são urgentes. Profissionais altamente produtivos investem a maior parte do seu tempo nas tarefas listadas nos quadrantes 1 e 2. São elas que os ajudarão a alcançar suas metas. O quadrante 3 é conhecido como "apagar incêndio" e o quadrante 4 é a perda de tempo. E lembre-se de que urgente é diferente de importante!

Execução do trabalho

Uma ideia é tão boa quanto à sua execução. Isso significa que de nada adianta ter uma boa ideia sem uma boa execução. Profissionais altamente produtivos sabem disso e, por isso, preocupam-se com a execução de suas tarefas, pois sabem que trabalhos mal executados não dão bons resultados ou geram retrabalho. Você já deve ter ouvido o ditado "Quem faz malfeito, faz duas vezes". Diversos problemas podem afetar a produtividade no que diz respeito a execução do trabalho, tais como a procrastinação, a distração e a execução de várias tarefas ao mesmo tempo. Vamos entender melhor esses problemas e como pessoas produtivas fazem para evitá-los.

Um dos principais problemas de execução do trabalho é a procrastinação, ou seja, é o não executar. Procrastinar é o ato de adiar, postergar ou deixar para depois. Logo, procrastinar o trabalho é não o iniciar e, se você não o iniciou, não há *output* (resultado) e, se não há *output*, a produtividade é... zero. A procrastinação pode ser muito prejudicial, a ponto de impedir o funcionamento de rotinas pessoais e profissionais. Então, fuja da procrastinação! Para isso, é importante entendermos por que procrastinamos. Uma das principais causas se dá em virtude da complexidade das tarefas ou de sua longa duração. Para solucionar esse problema, você pode dividir a sua tarefa complexa ou grande em partes menores e mais fáceis, e seu cérebro irá enxergá-la como menos desafiadora, facilitando o processo de começar.

E cuidado com o perfeccionismo excessivo, pois ele também pode ser motivo de procrastinação e paralisar as pessoas. Alguns profissionais perfeccionistas adiam suas tarefas por pensar que, se não podem finalizá-las com perfeição, é melhor nem as começar. Ou então nunca terminam a tarefa porque acreditam que, se não está perfeita, têm que continuar trabalhando. Uma sugestão para lidar com esse problema é adotar o lema da Sheryl Sandberg, CEO do Facebook: "Feito é melhor que perfeito", lembrando-nos de que a perfeição pode ser inimiga do progresso. Isso não quer dizer que você deva entregar um trabalho de má qualidade, mas sim terminar sua tarefa antes que seja tarde demais e você perca um prazo e prejudique o cronograma. Fique sempre atento e não se deixe levar pelo perfeccionismo, que pode ser perigoso.

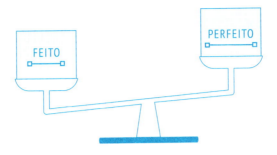

Figura 4 – Feito × perfeito.

A distração também é outro grande obstáculo para a produtividade e afeta diretamente a qualidade do trabalho. Enquanto estamos executando uma tarefa, é comum o celular tocar, recebermos uma mensagem de WhatsApp, ouvirmos aquele barulho de alerta sinalizando que algum amigo postou algo nas redes sociais, colegas de trabalho te interromperem para perguntar algo (sobre o trabalho ou não), ouvir um barulho de sirene na rua, entre outras distrações externas. Há também as distrações internas que ocorrem quando a mente pensa sobre o passado ou o futuro, e não foca na atividade que você está desenvolvendo no momento presente. Além disso, durante a pandemia de Covid-19, muitas empresas adotaram o home office, e trabalhar de casa tem suas vantagens, mas também desafios.

Profissionais produtivos eliminam essas distrações (coisas que limitam a produtividade). Sempre que possível, busque um local tranquilo para trabalhar, onde não haja interrupções e distrações. Desligue as notificações das redes sociais e evite atender telefonemas que não sejam importantes. Com relação às distrações internas, discipline sua mente para não se fixar (não se apegar) aos pensamentos que não estejam relacionados com a tarefa que você esteja executando, deixe-os fluir e irem embora. Pode parecer difícil concentrar-se no começo, mas torna-se cada vez mais fácil com a prática. Procure descobrir também em quais períodos do dia você é mais produtivo e programe-se para fazer as tarefas mais difíceis nesses períodos. Concentre seus esforços em períodos de trabalho intenso, mas não deixe de fazer pausas estratégicas. Pequenos intervalos podem melhorar a sua produtividade em longo prazo.

Figura 5 – Executar muitas tarefas ao mesmo tempo prejudica a nossa eficiência e pode reduzir nossa produtividade. Fonte: Freepik.

Profissionais produtivos se planejam, elaborando uma lista de tarefas e executam uma tarefa por vez (sem procrastinar, nem distrações), de acordo com o grau de importância e urgência, fazendo assim uma boa gestão do seu tempo. É claro que você tem a sua própria maneira de desempenhar suas atividades profissionais, mas saiba que um método bem planejado e executado pode melhorar muito a sua produtividade. Confira no quadro 1 as principais diferenças entre as pessoas produtivas e as ocupadas.

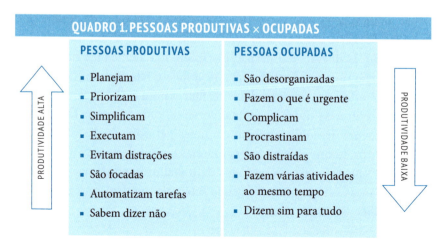

Lembre-se, os resultados são medidos de acordo com a produtividade do colaborador. Por isso, é importante executar suas tarefas com qualidade para que haja equilíbrio entre eficácia e eficiência, ou seja, completar atividades e atingir as metas, executando as tarefas de forma otimizada, de maneira mais rápida ou com menos gastos. Agora você já sabe o que tem que fazer para ser um profissional com alta produtividade.

PARA PENSAR...

VOCÊ É UMA PESSOA OCUPADA OU PRODUTIVA? TEM FEITO AS TAREFAS A QUE SE PROPÕE TODOS OS DIAS? COMO VOCÊ USA SEU TEMPO? VOCÊ PRIORIZA SUAS ATIVIDADES? VOCÊ FAZ VÁRIAS COISAS AO MESMO TEMPO? CONSEGUE EQUILIBRAR A SUA VIDA PESSOAL E PROFISSIONAL?

DICA!

Profissionais produtivos usam a tecnologia para automatizar suas atividades sempre que possível, utilizando aplicativos, ferramentas, etc. para automatizar tarefas manuais e repetitivas, permitindo assim você focar no que é realmente importante. Dessa forma, você consegue otimizar ao máximo seus recursos. No trabalho, é possível automatizar tarefas administrativas, de marketing, finanças, contabilidade e recursos humanos, entre outras áreas. Existem ferramentas, por exemplo, que você pode usar para deixar programado o envio de e-mails marketing ou a postagem de conteúdos nas redes sociais conforme um cronograma (data/horário) que você definir. Essas ferramentas permitem, inclusive, postar o mesmo conteúdo em todas as redes sociais de uma só vez. Você pode também automatizar a emissão de notas fiscais, os pagamentos (deixando em débito automático) e o monitoramento das "contas a receber", para que possa ser avisado quando clientes fizerem os pagamentos. É viável até você programar alertas na sua caixa de entrada de e-mails, sinalizando quando chegarem mensagens de pessoas que você precisa responder imediatamente, como um chefe ou um cliente. Automatize atividades dentro e fora da empresa!

11. ATITUDE SUSTENTÁVEL, ÉTICA E CIDADÃ

Ao ler o jornal, ficamos muitas vezes com a impressão de que o mundo está cheio de pessoas ambiciosas a ponto de se fazerem valer da máxima "o fim justifica os meios", e não medirem esforços para conseguirem o que querem, inclusive sendo desonestas. Notícias sobre corrupção no governo, empresas que não se preocupam com o meio ambiente e pessoas tentando levar vantagem sobre as outras é o que não falta. Mas, felizmente, também há pessoas com atitude sustentável, ética e cidadã, e profissionais que têm esse tipo de atitude são muito valorizados no mercado de trabalho. O tripé sustentabilidade, ética e cidadania é fundamental na administração, afinal o administrador, por meio das organizações, é um agente de transformação social, que pode, com seu trabalho, contribuir para uma sociedade melhor.

Sustentabilidade

A palavra sustentável tem sua origem no termo em latim "sustentare" e significa sustentar, apoiar, conservar e cuidar. Podemos dizer então que sustentabilidade é a capacidade de sustentação ou conservação de um processo ou sistema. Sendo assim, a sustentabilidade compreende um conjunto de ideias, estratégias e ações que buscam o desenvolvimento da sociedade sem prejudicá-la no âmbito econômico, social, ambiental, cultural ou político para que ela possa perdurar ao longo do tempo. O desenvolvimento sustentável de uma sociedade depende então de atitudes economicamente viáveis, socialmente justas, ecologicamente corretas, culturalmente diversas e politicamente participativas.

Ciente disso, a sociedade tem cada vez mais pressionado as empresas para adotarem práticas sustentáveis. Por essa razão, sustentabilidade é uma tendência tão importante que será inclusive analisada à parte no capítulo 15, em que veremos como esse tema afetará o futuro das empresas e de seus colaboradores. Nesse momento, vamos focar na atitude sustentável individual, isto é, como o profissional de administração pode em seu dia a dia pensar e agir de forma sustentável?

Ter uma atitude sustentável no trabalho é executar suas atividades com base nos princípios de sustentabilidade, garantindo que haja conservação dos recursos da empresa e um ambiente melhor para se trabalhar. Vamos ver a seguir alguns exemplos de atitudes por tipo de sustentabilidade:

- **sustentabilidade econômica** → racionalize e controle o uso do material de escritório ou monitore o fluxo de caixa da empresa, a fim de avaliar se as entradas e saídas de recursos estão minimamente equilibradas para que a empresa possa continuar operando.

- **sustentabilidade social** → combine com um grupo de colegas do trabalho de fazer doações de dinheiro, brinquedos, agasalhos ou até mesmo do tempo para ajudar uma instituição de caridade confiável.

- **sustentabilidade ambiental** → avise o responsável pela manutenção quando vir um vazamento, apague sempre as luzes quando não houver ninguém usando a sala e imprima documentos apenas quando for necessário (quanto menos papel usarmos, menos árvores serão cortadas).

- **sustentabilidade cultural** → respeite todas as pessoas, independente de suas origens, e incentive as trocas culturais.

- **sustentabilidade política** → tenha uma participação ativa dentro da empresa, fazendo parte de comissões internas que discutam, por exemplo, como melhorar a segurança no trabalho ou contribuindo com ideias de projetos como implantação de coleta seletiva, entre outros.

Esses são apenas alguns exemplos de atitudes que você pode adotar no dia a dia quando for executar suas tarefas dentro e fora da empresa. Ainda que sejam pequenas ações, elas fazem a diferença e podem servir de inspiração para os demais colaboradores também começarem a praticar. Além disso, para uma empresa ser sustentável, ela depende também de que seus colaboradores tenham essa mentalidade. A aplicação de estratégias e ações sustentáveis pelas empresas e seus colaboradores é essencial para garantir uma melhor qualidade de vida da população.

Ética

Para entender o conceito de ética, vamos também recorrer à origem dessa palavra que vem do grego "ethos", que significa caráter, costume, hábito ou modo de ser de uma pessoa. A ética está relacionada, portanto, ao comportamento humano e é construída de acordo com os valores de uma sociedade. Portanto, podemos definir ética como um conjunto de princípios morais que afetam como tomamos nossas decisões e vivemos nossas vidas. É importante agir de acordo com os valores morais, uma vez que isso garante uma boa relação com os colegas de trabalho, fornecedores e clientes, o que também é fundamental para que a empresa possa atingir bons resultados.

A ética profissional, por sua vez, é o conjunto de princípios morais que dizem respeito à conduta adequada no ambiente de trabalho. A ética no trabalho se materializa nos princípios da governança corporativa, que trata do conjunto de processos, costumes, políticas e normas que orientam a maneira como a empresa é administrada. Um profissional ético tem um comportamento coerente com os valores da organização que representa (se você não se identifica com os valores da empresa em que trabalha, você deve seriamente avaliar a possibilidade de mudar de emprego). Veja na figura 1 cinco comportamentos indispensáveis que enfatizam uma forte ética no trabalho:

Figura 1 – Cinco qualidades de profissionais éticos.

Profissionais com atitude ética demonstram integridade, qualidade usada para caracterizar pessoas honestas, justas e educadas. Um profissional íntegro é sempre honesto consigo mesmo e com os outros, e por isso inspiram confiança. Eles também têm responsabilidade, assumindo tarefas que lhe são encarregadas e sempre cumprindo prazos. Além disso, assumem a responsabilidade sobre os erros que cometem, procurando aprender com eles e corrigindo a situação sempre que possível. Outro comportamento típico de profissionais éticos é a qualidade do trabalho que entregam. Esses profissionais não só priorizam qualidade em vez de quantidade, como também mantêm essa qualidade consistente ao longo do tempo. A disciplina é mais uma característica marcante dos colaboradores éticos, que se mantêm focados em seus objetivos e determinados a completar suas tarefas. Por fim, mas não menos importante, a atitude ética no trabalho depende do espírito de equipe que, como já vimos, envolve respeito e cooperação nas relações profissionais.

Por isso, profissionais com atitude ética são confiantes e não têm medo dos desafios! Confira a seguir um trecho extraído de um diálogo do ex-jogador norte-americano de basquete da NBA Michael Jordan:

Em um momento, o repórter pergunta:

– O medo de falhar era um fator motivador para você?

Então Michael Jordan responde:

– Eu nunca tive medo em relação às minhas habilidades, porque eu trabalhava em cima delas.

– A ética de trabalho elimina o medo. Se você treina duro, o que tem a temer? Você sabe do que você é capaz e do que você não é.

Fonte: Michael Jordan (2020).

ATIVIDADE EM GRUPO...

AGORA VAMOS PARTIR PARA UM DEBATE SOBRE ÉTICA NA CONDUTA PROFISSIONAL, EM UM CASO PRÁTICO. IMAGINE QUE, POR CONTA DA PANDEMIA DA COVID-19, UM VENDEDOR DE MÁQUINAS PARA A INDÚSTRIA TÊXTIL ESTÁ EM UM TRIMESTRE DIFÍCIL DE CONSEGUIR BATER A META. MAS ELE CONSEGUIRIA ATINGI-LA SE ESCONDESSE DE UM CLIENTE QUE A MÁQUINA QUE ELE VAI VENDER SE TORNARÁ OBSOLETA, POIS SERÁ SUBSTITUÍDA POR UMA NOVA LINHA DE MÁQUINAS MUITO MAIS EFICIENTES NO PRÓXIMO MÊS. QUAIS SÃO AS OPÇÕES DO VENDEDOR? COMO UM PROFISSIONAL ÉTICO AGIRIA NESSA SITUAÇÃO? SE O VENDEDOR DECIDIR VENDER, O COMPORTAMENTO DELE É JUSTIFICÁVEL? PENSE NAS QUALIDADES DOS PROFISSIONAIS ÉTICOS QUE VIMOS NESTE CAPÍTULO.

> Se algum dia você estiver com dúvida sobre qual conduta ética deve seguir em uma determinada situação, pare antes de agir e pergunte-se: Isso é legal (do ponto de vista jurídico)? Isso é contra a política da empresa? Meu comportamento pode prejudicar alguém? Se as pessoas que eu conheço souberem que eu fiz isso, eu me sentiria desconfortável?

Como um profissional lida com situações que envolvem dilemas éticos irá ajudar ou prejudicar não só a organização em que trabalha, como também a sua carreira. Por isso, pense sempre antes de agir. Às vezes, a tentação de obter um resultado em curto prazo pode afetar negativamente a relação em longo prazo. Portanto, lembre-se: faça o que é certo, não o que é fácil!

SUGESTÕES DE FILMES...

FILMES QUE ABORDAM A ÉTICA NO TRABALHO PARA TODOS OS GOSTOS:

- *O LOBO DE WALL STREET* (ÁREA FINANCEIRA).
- *A REDE SOCIAL* (ÁREA DE TECNOLOGIA E REDES SOCIAIS).
- *O INFORMANTE* (SETOR INDUSTRIAL).

Cidadania

Cidadão é um indivíduo que convive em sociedade, na qual tem direitos e deveres a cumprir. Já a cidadania é o exercício pleno desse conjunto de direitos e deveres. Isso significa que um cidadão que não pratica de fato esses direitos e obrigações não está exercendo a sua cidadania. Os direitos de um cidadão podem ser divididos em políticos (garantia de direitos à participação política), civis (garantia de direitos relativos à liberdade) e sociais (garantia de direitos referentes à dignidade da vida humana).

É interessante ressaltar que a cidadania está em constante construção, pois as pessoas estão sempre em busca de mais direitos (ou de que seus direitos sejam, de fato, respeitados) e de melhores condições de vida, seja para benefício próprio ou para toda a sociedade. Vamos conhecer a seguir alguns exemplos práticos de direitos e deveres relativos ao exercício da cidadania:

- alistar-se como eleitor;
- cobrar promessas políticas;
- exigir o cumprimento de serviços de órgãos públicos;
- respeitar o próximo (abrange a igualdade de tratamento, independentemente de etnia, sexo, condição social ou idade);
- não destruir o patrimônio público.

A partir desses exemplos, podemos notar que muitas pessoas não exercem na prática sua cidadania. Por isso, um profissional com atitude cidadã é diferenciado e bem-visto, pois mostra comprometimento e participa ativamente para melhorar o ambiente ao seu redor. Como profissional de administração, não se isente das responsabilidades política, social, econômica e ambiental. Demonstre que você é uma pessoa proativa e que suas atitudes visam beneficiar, não apenas a si próprio, mas um grupo, uma empresa, uma sociedade.

Aproveite também o crescente processo de *empowerment* (empoderamento) promovido pela facilidade de acesso à informação e conhecimento oferecido pela internet, com a visibilidade e a interação entre as pessoas, proporcionada pelas redes sociais, e o surgimento de novas comunidades e organizações de apoio aos cidadãos. O empoderamento do cidadão devolve poder e dignidade ao indivíduo, e principalmente a liberdade de decidir e controlar o seu próprio destino, com responsabilidade e respeito ao outro. Vamos fazer bom uso disso em prol da cidadania! Lembre-se, a cidadania também deve ser exercida dentro da organização. Por essa razão, o administrador deve participar ativamente no exercício e na construção da cidadania.

PARTE 4

DOMINANDO AS
HABILIDADES TÉCNICAS
PARA DESEMPENHAR
SERVIÇOS
ADMINISTRATIVOS
E COMERCIAIS COM
EXCELÊNCIA

DOMINANDO AS HABILIDADES TÉCNICAS

As pessoas são contratadas pelas suas habilidades técnicas, mas são demitidas pelos seus comportamentos.

Peter Drucker (2007)

As habilidades técnicas envolvem a capacidade do profissional de executar técnicas relacionadas ao trabalho, ou seja, de colocar em prática o seu conhecimento especializado. Felizmente, o profissional de administração tem a sua disposição técnicas úteis para ajudá-lo a desempenhar suas atividades e lidar com as complexidades e os desafios da administração. Vamos aprender, nesta parte 4 do livro, três técnicas para desempenhar serviços administrativos e comerciais com excelência: Análise SWOT (Matriz FOFA), Modelo de Negócios Canvas e Ciclo PDCA. Não há uma solução "one-size-fits-all" (uma solução que funcione para tudo), por isso é importante entender quando e como aplicar essas técnicas e manter-se atualizado. O domínio das habilidades técnicas é importante, pois, como disse Peter Drucker, você provavelmente dependerá delas para ser contratado e se tornar um profissional realmente bem-sucedido. Mas nunca se esqueça de que elas complementam as habilidades humanas que vimos na parte 3 deste livro!

12. ANÁLISE SWOT (MATRIZ FOFA)

Há uma ferramenta muito conhecida em administração chamada análise SWOT,[1] utilizada para realizar um diagnóstico da empresa a fim de auxiliar no processo de tomada de decisão. Conhecida no Brasil como matriz FOFA, essa técnica consiste em uma análise detalhada para identificar as forças e as fraquezas (*strengths* e *weaknesses*) de uma empresa e as oportunidades e as ameaças (*opportunities* e *threats*). As forças e fraquezas são consideradas fatores internos nos quais o administrador consegue exercer uma influência direta por meio de planos de ação. Já as oportunidades e ameaças são fatores externos sob os quais o administrador tem pouca (ou nenhuma) influência, mas que também precisam ser levados em conta para poder se preparar para eles. Note que as forças e as oportunidades ajudam a atingir os objetivos, e as fraquezas e ameaças atrapalham.

Essa ferramenta é especial, pois permite enxergar de uma forma simples a situação com muito mais clareza. Com ela, podemos:

- identificar forças que permitam se diferenciar da concorrência para criar vantagem competitiva;
- entender como as forças podem ser aproveitadas para beneficiar-se das oportunidades mapeadas;
- criar planos de ação para superar fraquezas que impeçam de aproveitar as oportunidades ou deixem vulnerável às ameaças;
- antecipar e mapear oportunidades para preparar-se e sair na frente da concorrência;
- prever e prevenir ou minimizar riscos causados por ameaças externas (condições negativas).

---

[1] As iniciais SWOT em Análise SWOT significam: "S" de Strengths (Forças), "W" de Weaknesses (Fraquezas), "O" de Opportunities (Oportunidades) e "T" de Threats (Ameaças).

Quando usar?

Como essa técnica é aplicada principalmente com a finalidade de estudar os fatores internos e externos que são favoráveis e desfavoráveis para alcançar os objetivos da empresa, ela é muito utilizada durante o planejamento estratégico e para a avaliação de novos projetos. Mas, essa ferramenta é tão simples que pode ser facilmente usada em praticamente qualquer situação. Além das aplicações que já vimos, você pode criar uma matriz SWOT para avaliar forças, fraquezas, oportunidades e ameaças no nível que pode ser desde uma indústria (automobilística, por exemplo), de uma empresa, de um departamento ou até mesmo de um produto.

Se desejar, você também pode usar a matriz SWOT para analisar a abertura de um novo negócio e obter inspirações para a sua ideia. Muitos profissionais adotam inclusive essa ferramenta com o objetivo de realizar uma análise pessoal para decidirem se vão aceitar um novo emprego, transferir-se de área ou mudar de carreira. Qualquer empresa ou indivíduo pode aplicar, portanto, esses quatro fatores para analisar de maneira eficaz a sua situação presente e definir uma estratégia para a melhor forma de seguir em frente. Portanto, sempre que você for tomar uma decisão muito importante na empresa ou fora dela, fazer uma análise SWOT pode dar o *insight* (a sacada) que você precisa. Essa ferramenta vai te ajudar a tomar melhores decisões e aumentar as chances de sucesso.

Como usar?

A análise SWOT pode ser criada em diversos formatos, mas, independentemente disso, como vimos, o ponto-chave é listar forças, fraquezas, oportunidades e ameaças, de uma maneira organizada e fácil de entender. Um dos formatos mais comuns é elaborar uma matriz com quatro quadrantes, conforme a figura 1. As forças e fraquezas (fatores internos) estão localizadas nos dois quadrantes superiores, e as oportunidades e ameaças (fatores externos) estão posicionados nos dois quadrantes inferiores. Os fatores positivos ou favoráveis para se alcançar os objetivos (forças e oportunidades) ficam convenientemente alinhados na coluna da esquerda e os fatores negativos ou desfavoráveis (fraquezas e ameaças) ficam situados na coluna da direita.

Figura 1 – Análise SWOT.

Uma vez criada a matriz, você deve iniciar o preenchimento dos quadrantes com informações relevantes, de acordo com cada um dos quatro fatores. Nesse momento, é interessante reunir-se em grupo para fazer um *brainstorm*[2] ("tempestade de ideias") que pode contribuir muito para o processo de análise. As melhores análises SWOT são resultado do debate entre diferentes pessoas com diferentes perspectivas sobre o assunto, cada uma contribuindo com suas sugestões. No caso de uma empresa, é importante contar com a participação de colaboradores de diferentes áreas, como logística, marketing, finanças, etc. Envolver partes diferentes da organização ajuda a ter uma visão mais completa do quadro. Afinal, o objetivo da análise SWOT é olhar para o assunto desde diferentes ângulos e apresentar esse "conhecimento coletivo" em um formato fácil de entender para depois pôr em prática.

Parece simples, não? Mas conduzir uma análise SWOT também tem seus desafios. Fique atento para ser o mais realista possível quando for escrever

---

[2] Brainstorm é uma técnica desenvolvida pelo publicitário norte-americano Alex Faickney Osborn, na década de 1940, que consiste em reunir duas ou mais pessoas com o objetivo de gerar novas ideias ou debater soluções.

sobre as forças e as fraquezas, pois algumas vezes há diferenças muito grandes entre o que você acredita que é verdade (realidade subjetiva) e o que realmente corresponde à verdade (realidade objetiva). Isso pode ocorrer especialmente nos casos em que usarmos a matriz para uma análise pessoal! Se a lista de fraquezas está comprida, não tente ficar encontrando forças para balancear os quadrantes, nem elimine fraquezas, pois é o mesmo que "tapar o sol com a peneira". É importante sermos realistas para tomarmos a melhor decisão possível sobre o que fazer. Cuidado também para não tornar a análise complexa demais ou superanalisar os fatos, busque manter sua análise SWOT curta e simples. Por fim, a matriz não é estática e você precisa atualizar a análise regularmente com base nos feedbacks que receber e novas informações que surgirem ao longo do tempo.

> **PARA PRATICAR...**
>
> AGORA VAMOS COLOCAR EM PRÁTICA SEUS CONHECIMENTOS SOBRE ANÁLISE SWOT, APLICANDO A FERRAMENTA PARA FAZER UMA ANÁLISE PESSOAL. OU, SE VOCÊ PREFERIR, PODE ESCOLHER FAZER A ANÁLISE DO LANÇAMENTO DE UM NOVO PRODUTO, COMO UM HAMBÚRGUER À BASE DE PROTEÍNA VEGETAL, DE UMA EMPRESA OU AINDA DA SUA IDEIA DE ABERTURA DE UM NOVO NEGÓCIO, CASO VOCÊ PRETENDA EMPREENDER. O CÉU É O LIMITE PARA SUA CRIATIVIDADE E PARA O USO DA ANÁLISE SWOT!

Como vimos, uma das finalidades da matriz SWOT é realizar uma análise pessoal. Você pode utilizá-la para planejar a sua carreira ou simplesmente para autoconhecimento. O primeiro passo é criar a matriz (você pode usar a da figura 2, se quiser). Agora, liste suas características e habilidades, separando-as como forças ou fraquezas. Em seguida, relacione as oportunidades e ameaças que você enxerga em seu caminho para atingir seus objetivos. Na primeira linha de cada quadrante da figura 2, há um exemplo que você pode ou não aproveitar. Faça sua própria lista com quantos itens forem necessários, mas tenha em mente que é importante mantê-la curta e simples.

Será útil pedir ajuda para pessoas que o conheçam e que sejam confiáveis, como um familiar, um professor ou um colega de trabalho. Você pode até aproveitar o feedback de uma avaliação de um superior, se tiver. Não interprete as críticas como um ataque pessoal, a ideia é que você as liste para melhorar os pontos que julgar importantes. Lembre-se de que não há profissional perfeito, mas existe aquele que busca melhorar e ampliar seus conhecimentos a cada dia. Use também as dicas a seguir para estimular e auxiliar no preenchimento!

FORÇAS	FRAQUEZAS
– Sou proativo.	– Tenho dificuldade em usar o Excel.
OPORTUNIDADES	**AMEAÇAS**
– Edital para vaga de Auxiliar Administrativo no Senac.	– Pandemia da Covid-19.

Figura 2 – Matriz SWOT para análise pessoal.

DICAS!

Perguntas que podem ajudar você a identificar suas forças:

- Quais são seus talentos ou atividades que você faz bem naturalmente?
- Que habilidades você desenvolveu ao longo da sua vida?
- Em que matérias você se destacou durante sua formação educacional?
- Que características pessoais mais contribuíram para suas conquistas?
- Quais recursos você tem à sua disposição (financeiro, rede de contatos, etc.)?
- O que você faz melhor do que a maioria das pessoas?
- Que qualidades as pessoas (superiores, professores, etc.) admiram em você?

Perguntas que podem auxiliar você a enxergar suas fraquezas:

- Em que pontos você (ou as outras pessoas) acha que pode melhorar?
- Que atividades você evita fazer ou tem medo por não se achar capaz?
- Alguma característica ou habilidade sua impede você de progredir?
- Que recursos faltam para você?
- Em que situações na sua vida você sentiu mais dificuldade?
- Quando as coisas não saem como você planejou, qual costuma ser a causa?
- Que defeitos as pessoas (superiores, professores, etc.) dizem que você tem?

Perguntas que podem contribuir para você mapear oportunidades:

- Quais são as principais mudanças que estão ocorrendo e impactam sua vida?

- Você percebe alguma tendência no mercado que possa ser favorável a você?

- Algum workshop, curso ou evento pode ser proveitoso para você?

- Alguma inovação tecnológica pode ajudar você?

- Tem alguma tendência macroeconômica positiva para você (queda dos juros)?

- Há algum problema ou deficiência no mercado que você pode ajudar a resolver?

- Existe alguma oportunidade de promoção dentro da empresa que você trabalha?

Perguntas que podem apoiar você a reconhecer ameaças:

- Quais os principais obstáculos que você está enfrentando no momento?

- Quais os principais riscos externos para você atingir seus objetivos?

- Alguma fraqueza sua pode se tornar uma ameaça?

- Tem alguma tendência no mercado que pode ser desfavorável para você?

- Tem alguma mudança na natureza do seu trabalho que pode prejudicar você?

- Há pessoas ou colegas de trabalho competindo com você?

- Tem alguma inovação tecnológica que pode impactar negativamente você?

Após conduzir sua análise SWOT pessoal, você pode, a partir dela, criar sua estratégia para atingir os seus objetivos. Defina os próximos passos para potencializar suas forças e garantir que elas continuem sendo seus pontos fortes em longo prazo. Estabeleça um plano de ação para eliminar ou reduzir suas fraquezas e continue disciplinado para não ter recaídas.

Com base nas suas forças, esteja sempre preparado para aproveitar as oportunidades que você identificou ao seu redor. Fique atento às ameaças que possam atrapalhar na conquista de seus objetivos: evite-as ou tenha sempre um "Plano B".

13. MODELO DE NEGÓCIOS CANVAS

O Business Model Canvas, ou apenas Canvas,[1] é uma das ferramentas mais conhecidas para desenvolver um modelo de estruturação de negócios intuitivo, eficiente e muito prático. A palavra *canvas* significa "quadro", e é exatamente isso que a ferramenta é... um quadro no qual você pode descrever as diferentes partes da empresa e como elas irão interagir para criar, entregar e capturar valor. A ideia é mostrar de uma forma simples a essência do negócio e todos os elementos necessários para o seu funcionamento e sucesso. Trata-se de um modelo totalmente visual, que ajuda a avaliar ideias e conceitos de negócios.

A proposta do Canvas é simples: apresentar em um documento de apenas uma página os principais aspectos que devem ser levados em conta na hora de colocar uma ideia de modelo de negócios em prática. O documento é um quadro composto por nove blocos (ou caixas) que representam os diferentes elementos fundamentais de um negócio: segmentos de clientes, propostas de valor, canais, relacionamento com clientes, fontes de receita, recursos-chave, atividades-chave, parceiros-chave e estrutura de custos.

No Canvas, os blocos estão organizados de forma que do lado direito do quadro ficam os componentes relacionados ao cliente ou ao mercado (fatores externos sobre os quais não há controle) e, do lado esquerdo, os componentes focados no negócio (fatores internos sobre os quais em sua maioria há controle). Intencionalmente localizado no meio está o bloco referente às propostas de valor, que representa a troca de valores entre o negócio e seus clientes. Todos esses blocos trabalham de maneira interdependente, com o objetivo de gerar lucro para a empresa.

O Canvas é valioso, porque, com base na estruturação sugerida pela ferramenta, é possível ter uma observação mais ampla do negócio e apresentar de forma dinâmica todos os pilares importantes de análise da proposta de modelo de negócios, em um quadro descentralizado. Confira a seguir as ra-

---

[1] A ferramenta Canvas foi desenvolvida pelo empreendedor, palestrante, consultor e teórico da administração o suíço Alexander Osterwalder. Ele é um dos maiores especialistas em modelos de negócio e coautor do livro *Business Model Generation*, escrito em parceria com o professor Yves Pigneur. A publicação tornou-se um best-seller global, em razão de seu caráter revolucionário na área.

zões pelas quais o Canvas tornou-se uma das ferramentas de administração mais importantes:

- fornece uma rápida visão geral e objetiva do modelo de negócios;
- apresenta o modelo de forma visual, facilitando o entendimento e análise;
- esclarece como diferentes aspectos do negócio se relacionam entre si;
- permite alterações no modelo, sem muitas dores de cabeça;
- pode ser usado por qualquer empresa, independentemente de seu porte.

E, lembre-se, o sucesso da empresa não depende mais apenas de um ótimo produto, mas sim da combinação de um ótimo produto e um ótimo modelo de negócios.

Canvas × Plano de Negócios

Apesar de estarem relacionados, Canvas e Plano de Negócios são duas propostas bem diferentes! Vamos entender o que são e a diferença entre elas, para não confundir essas ferramentas. O Plano de Negócios é um documento altamente detalhado, em que se descreve como você planeja começar e fazer crescer o seu negócio. Esse plano inclui como será a estrutura de custos, as receitas esperadas e como o plano será executado – em geral, para um período de 1 a 3 anos (às vezes até 5 anos). Como você pode imaginar, elaborar um plano assim requer muitos dados e tempo. Além disso, muitos planos tornam-se irreais pela dificuldade de fazer estimativas para um período de 3 anos. Já o Canvas, como vimos, é um documento de uma página que mostra de forma visual os componentes essenciais do negócio e como eles se relacionam entre si para a empresa ganhar dinheiro.

A partir desses conceitos, nota-se que uma das principais diferenças entre os documentos é o nível de detalhamento. Enquanto o Plano de Negócios é uma metodologia mais tradicional e detalhada, que exige muito tempo de planejamento e análise de mercado, cujo resultado é apresentado em um documento com inúmeras páginas, o Canvas resume-se a uma análise simples e objetiva de uma página. Mas não se trata apenas de diferenças em termos quantitativos. Há uma diferença também do ponto de vista prático. O Plano de Negócios acaba muitas vezes se tornando um documento estático em comparação ao Canvas, que tem uma estrutura dinâmica e fácil de ajustar. No Canvas, as mudanças são esperadas e bem-vindas, porque ele retrata o primeiro passo para o aperfeiçoamento do negócio.

É importante ressaltar que, apesar de suas "desvantagens", o Plano de Negócios não é um documento que se tornou inútil. Alguns investidores vão querer ver um Plano de Negócios formal. Além disso, pode ser muito interessante para a empresa ter um nível maior de detalhamento financeiro das suas atividades. Mas o fato é que com o dinamismo atual no mundo empresarial, a velocidade é um fator crítico para o sucesso. Por esse motivo, a sugestão é implementar um Plano de Negócios apenas depois de ter preparado um Canvas e realizado uma boa validação das hipóteses do negócio. Como disse Steve Blank (2012):[2] "A não ser que você tenha testado as premissas do seu modelo de negócios primeiro, fora do seu escritório, seu Plano de Negócios será apenas uma redação criativa".

Quando usar?

O Canvas pode ser usado em diversas situações. É comum adotar essa ferramenta para estruturar o modelo de negócios de uma nova empresa. Iniciar um novo empreendimento é sempre um desafio e, antes de abrir um novo negócio, é importante entender como pretende criar, entregar e capturar valor por meio do seu negócio. Como vimos, o Canvas ajuda tanto no processo de formulação e organização dos elementos essenciais da ideia de negócio quanto na avaliação da viabilidade do mesmo. Portanto, o Canvas é a ferramenta que ajuda o empreendedor a dar esse pontapé inicial de forma organizada rumo ao sucesso.

---

[2] Steve Blank é um empreendedor em série do Vale do Silício e um acadêmico de empreendedorismo. Com base em suas experiências, ele criou o conceito de *lean startup* (startup enxuta), que se tornou um guia para qualquer empreendedor.

Outra aplicação dessa ferramenta é na análise de modelos de negócios de empresas que já existem. Muitas vezes as empresas enfrentam desafios por conta de concorrentes ou da própria economia, e precisam se reinventar. Para realizar as mudanças necessárias de forma assertiva, a equipe precisa entender onde a empresa está hoje e buscar opções de melhoria no seu modelo de negócios para o futuro. Por exemplo, muitos restaurantes e lojas físicas tiveram que rever seu modelo de negócios por causa da pandemia do coronavírus e se digitalizaram por meio de novos canais, criando suas próprias plataformas de *e-commerce* (comércio eletrônico) ou participando de *marketplaces*. O Plano de Negócios é um documento extenso e trabalhoso para ser usado nesse tipo de situação. Mais prático e flexível é o Canvas, por trazer perguntas de resposta imediata que ajudam a identificar as adaptações necessárias para entregar valor para o cliente.

Vale ressaltar que o Canvas foi desenvolvido para ser utilizado em conjunto com os métodos de *lean startup* ou de startup enxuta. De acordo com essa metodologia, uma *startup* (empresa nascente) deve ser encarada como uma série de experimentos para coletar dados e descobrir o que realmente funciona para a empresa. A ideia é testar rápido e aprender com os erros para fazer os ajustes necessários e iterar (repetir) esse processo até encontrar um modelo de negócios que funcione com sucesso. Nessa etapa, o Canvas ajuda a garantir que todos os componentes necessários para o funcionamento da empresa estejam disponíveis e contribui também para assegurar que esses experimentos estejam alinhados. Então, se você tem uma ideia de negócio ou faz parte de uma empresa, o Canvas será muito útil para você!

Como usar?

A ferramenta Canvas é composta por nove blocos que representam os elementos essenciais de um modelo de negócios e que devem se relacionar harmonicamente entre si, como podemos ver na figura 1:

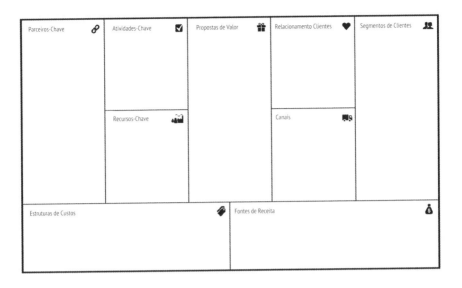

Figura 1 – Modelo de negócios Canvas.

Na prática, o Canvas pode ser feito de diversas formas. Você pode montar o seu próprio Canvas em uma simples folha de papel, em um *flipchart* (bloco de cavalete), em uma lousa ou até mesmo em arquivos digitais editáveis (existem modelos grátis disponíveis na internet!). Independentemente da sua escolha, existem nove campos que você precisa preencher adequadamente para garantir que a análise e o planejamento do negócio sejam feitos com sucesso. Não há uma unanimidade sobre a ordem que os blocos devam ser preenchidos, mas evite a tentação de completar o quadro da esquerda para direita. Em vez disso, comece com as áreas mais importantes para o seu modelo de negócios. Para a maioria das empresas, essas áreas costumam ser: segmentos de clientes e propostas de valor.

A seguir, vamos conhecer melhor esses nove tópicos de análise, o que deve ser pensado em cada um deles e como devem ser preenchidos. Entender bem o conceito por trás de cada bloco é fundamental para o preenchimento correto do quadro. Vale ressaltar que os blocos serão apresentados na sequência sugerida pelo próprio autor da ferramenta, e você pode aproveitar para usar como ordem lógica para preencher o Canvas.

1. Segmentos de clientes

Todo negócio tem uma segmentação de mercado específica, ou seja, um público bem definido para quem você está criando valor. Por isso, esse bloco costuma ser o ponto de partida para preencher o Canvas. Nesse tópico, você deve listar todas as pessoas ou organizações que você pretende atingir para vender seus produtos e/ou serviços. Para definir, identificar e conhecer profundamente seus clientes, você pode segmentá-los com base em similaridades, tais como área geográfica, idade, comportamento, interesses, etc. Esse processo de identificação e segmentação dos clientes auxiliará você a ter uma visão mais clara do que eles precisam, quais são seus hábitos de consumo, qual a capacidade econômica do público-alvo, qual a comunicação adequada para usar com essas pessoas, entre outras informações valiosas.

> Para preencher esse bloco, pense nas seguintes questões:
> - Para quem estou criando valor ou quem estou ajudando?
> - Quem são meus principais clientes?
> - Posso agrupá-los e diferenciá-los entre si?

2. Propostas de valor

Para cada segmento de cliente, você deve ter uma proposta de valor específica. Em virtude de sua importância, não à toa esse bloco está no centro do quadro! Aqui você deve descrever a solução (produto e/ou serviço) que o seu negócio propõe para resolver o problema enfrentado por um segmento de clientes ou para criar e entregar valor para o segmento de clientes. A proposta de valor vai muito além de definir os produtos e/ou serviços, ela deve expressar a razão pela qual esses clientes comprarão o que você oferece. É importante que as propostas de valor do seu negócio sejam exclusivas ou diferentes dos seus competidores. Alguns exemplos de propostas de valor podem ser quantitativos (como preço e tempo de execução do serviço) ou qualitativos (experiência do usuário ou design do produto).

Para definir a proposta de valor, responda às seguintes perguntas:

- Como você ajuda seus clientes (resolvendo um problema ou melhorando a situação)?
- Que produtos e/ou serviços você oferece para cada segmento de clientes?
- Por que os clientes do seu segmento vão escolher a sua empresa?

3. Canais

Agora que você já conhece seus clientes e entende o que irá aportar de valor para eles, os canais certos representam o meio ideal para transmitir essas ideias e informações. Pelos canais adequados, você poderá se comunicar com seus clientes para criar consciência da sua marca e fidelizá-los, além de captar novos consumidores, aumentando a relevância da sua marca. Nesse bloco, você irá então descrever como sua empresa irá se comunicar e alcançar seus clientes, ou seja, os pontos de contato entre seus clientes e o seu negócio. Sua empresa pode optar por canais próprios, como site, loja física e contas nas redes sociais (todos da própria empresa) e/ou também por canais de parceiros, como distribuidores, atacadistas, varejistas, representantes ou sites de terceiros (*marketplaces* ou *e-commerces*). E, como já vimos, lembre-se de que quanto mais curto o caminho que o cliente precisar fazer para chegar até você, melhor!

Para ajudar a selecionar os melhores canais para a sua empresa, reflita:

- Como os clientes conhecerão você e como os canais estão integrados com a rotina dos clientes?
- De que forma os seus produtos e/ou serviços chegarão até os clientes?
- Qual o menor caminho para os produtos da empresa chegarem até os clientes?

4. Relacionamento com clientes

Cada empresa tem necessidades específicas na hora de se relacionar com os seus clientes. Algumas atividades demandam um contato mais pessoal, enquanto outras trabalham com modelos menos ativos. Nesta seção do Canvas, você precisa especificar o tipo de relacionamento que a empresa irá estabelecer com cada segmento de clientes. Isso inclui definir como você pretende interagir com seus clientes ao longo de toda a jornada deles com a sua empresa. Lembre-se das necessidades e dos hábitos dos seus clientes que você identificou no bloco "segmentos de clientes" e pense em estratégias de relacionamento que se adequem a isso. Você pode oferecer uma assistência pessoal, autoatendimento, serviços automatizados (como *chatbots*) ou comunidades on-line em que os próprios clientes se ajudam. Não se esqueça, o relacionamento tem impacto direto na experiência do cliente com o seu negócio. Logo, definir exatamente como se dará esse contato pode ajudar seu negócio a aumentar as suas vendas e conquistar e manter uma boa relação com os seus clientes, garantindo sucesso em longo prazo.

Para definir seu relacionamento com os clientes, busque responder às seguintes perguntas:
- Em que momento(s) da jornada dos seus clientes eles preferem falar com você?
- Como seu cliente prefere que você entre em contato com ele?
- Seus clientes precisam de um contato mais personalizado para tirar dúvidas?

5. Fontes de receita

As fontes de receita consistem basicamente em todas as possibilidades de entrada de capital na empresa provenientes de suas atividades. Trata-se não só de como será a entrada de dinheiro no negócio, mas também quanto seus clientes pagarão pelos seus produtos e/ou serviços e como eles irão efetuar esse pagamento pelo que você oferece. Nesse bloco do Canvas, você precisa deixar claro, portanto, como e a que preço seu modelo de negócio está capturando valor. Há várias formas de sua empresa gerar receitas: por meio de assinaturas, *pay-per-use* (cliente paga quando usa o produto ou serviço), licenciamento, taxa de corretagem (comissionamento), locação, propaganda e uma série de outras fontes. Não deixe de relacionar a expectativa de ganho com cada uma das suas fontes de receita.

Para definir as fontes de receita, reflita sobre as seguintes perguntas:

- Quanto seus clientes estão realmente dispostos a pagar pelos seus produtos e/ou serviços?
- Quais são os meios de pagamento que seus clientes costumam usar?
- Como seus clientes preferem fazer o pagamento?

6. Recursos-chave

Agora que completamos os blocos do lado direito do quadro, vamos partir para o preenchimento dos blocos do lado esquerdo, aqueles que estão relacionados a tudo que é necessário para atender à parte direita do modelo. Toda empresa necessita de recursos básicos para funcionar. Os recursos-chave representam os ativos indispensáveis para seu modelo de negócios. Nesta seção do Canvas, você precisa descrever a infraestrutura que você precisa para criar, entregar e capturar valor. O conceito de recurso, no entanto, é amplo, não se limitando apenas aos recursos físicos. Esses recursos-chave podem ser divididos em quatro tipos: físicos (máquinas, equipamento, local de trabalho, mobiliário), intelectuais (patentes, marcas, *copyright*), humanos (colaboradores) e financeiros (capital próprio, linhas de financiamento, etc). Esses recursos são os *inputs* para desempenhar as atividades-chave que veremos a seguir.

Para definir os recursos-chave, pense sobre as seguintes perguntas:

- Quais recursos são indispensáveis para desempenhar as atividades da empresa?
- Há recursos financeiros próprios suficientes disponíveis ou será necessário buscar recursos de terceiros?
- Que habilidades os colaboradores da equipe precisam ter?

7. Atividades-chave

Cada tipo de negócio possui atividades e demandas específicas relacionadas a ele. Essas atividades são sempre imprescindíveis para o modelo de negócio funcionar adequadamente e se sustentar ao longo do tempo. Nesta etapa, é preciso destrinchar o que a sua empresa faz, a fim de identificar suas atividades-chave. Você deve inserir aqui todas as ações mais relevantes para o funcionamento do seu negócio tais como atividades referentes à produção do produto ou à prestação de serviço, bem como tarefas administrativas, como pagar um fornecedor. Para definir as atividades-chave, não se esqueça de levar em consideração todas as definições anteriores em relação à proposta de valor, canais, relacionamento com clientes e fontes de receita.

> Para listar as atividades-chave, responda às seguintes perguntas:
> - O que a empresa faz?
> - Quais rotinas são fundamentais para o negócio funcionar adequadamente?
> - Que atividades são importantes para relacionar-se bem com os clientes, entregar a proposta de valor prometida e gerar receita?

8. Parceiros-chave

Muitas vezes a empresa não conta com todos os recursos-chave ou não tem capacidade para desenvolver todas as atividades-chave sozinha. Geralmente, são necessários parceiros-chave para o funcionamento adequado do negócio. Por isso, em qualquer planejamento, é fundamental pensar nessas parcerias, já que a empresa depende do apoio delas para funcionar. Agora você deve então listar as principais empresas externas e fornecedores que podem auxiliar a alavancar o seu modelo de negócios. Relacionar cada parceiro ajuda a entender de quem a sua empresa vai depender, e reduzir riscos. Entre os principais tipos de parcerias estão: a aliança estratégica (entre empresas não competidoras), *joint ventures* (empresas que desenvolvem um novo negócio juntas) e comprador-fornecedor (empresa fornecedora de insumos). Mas mantenha o foco nas parcerias mais estratégicas para a empresa e, caso o modelo de negócio não dependa tanto de parcerias, não precisa forçar para encontrar possibilidades.

Para listar as atividades-chave, responda às seguintes perguntas:

- Que recursos-chave você precisa comprar de fornecedores?
- Quais atividades-chave sua empresa precisará de apoio para desenvolver?
- Que tipo de parcerias podem ajudar sua empresa a crescer?

9. Estrutura de custos

Uma vez entendida toda a infraestrutura do seu modelo de negócios, você consegue ter uma ideia da estrutura de custos da empresa. Nesse ponto, o Canvas dedica uma etapa somente para relacionar todos os custos que o negócio terá, desde sua implementação até o dia a dia da operação. Você deve pensar no capital social da empresa, ou seja, qual o investimento inicial necessário para fundá-la. Feito isso, foque em identificar todos os custos envolvidos na manutenção do negócio: custos de produção, custos de operação, custos fixos mensais, custos variáveis, etc. Aproveite para avaliar também se haverá economia de escala ou economia de escopo. Vale ressaltar que os negócios podem ser orientados pelo custo (*cost-driven*), com foco em minimizar os custos sempre que possível, ou orientados pelo valor (*value-driven*), com foco na criação máxima de valor para o cliente.

Para relacionar a estrutura de custos, pense sobre as seguintes perguntas:

- Quais os principais custos envolvidos para entregar as propostas de valor?
- Quais recursos-chave são mais caros?
- Quais atividades-chave são mais caras?

Quando você for preencher o Canvas, é importante conduzir pesquisas sobre cada um dos nove elementos de análise, e os dados coletados devem ser inseridos em cada bloco do quadro. Também é interessante realizar sessões de *brainstorming*, que podem ser produtivas para ajudar a ter ideias com relação ao modelo de negócios. Para montar o Canvas, você consegue inclusive usar dados da análise SWOT, ferramenta que vimos no capítulo anterior. Nela estão contidas informações estratégicas que podem ser muito úteis para completar os blocos do modelo.

Enquanto você estiver preenchendo o Canvas seguindo a sequência lógica sugerida no livro, é provável que tenha ideias para outros blocos antes de ter chegado neles. Não se preocupe, a sugestão de ordem de preenchimento dos tópicos não tem como objetivo engessar o processo de elaboração do quadro. Nesse caso, anote as ideias em *post-its*, para não se esquecer de incluir no respectivo bloco. Além disso, fique tranquilo(a) que você não precisa preencher tudo de uma única vez! E uma boa notícia é que você pode utilizar a ferramenta ainda que sua ideia não esteja 100% estruturada, pois o método Canvas vai apoiar o processo de estruturação da sua ideia.

Terminado o Canvas, certifique-se de fazer uma revisão e verificar se tem algum detalhe que precisa ser acrescentado. Todos os blocos devem estar em harmonia e, para garantir isso, faça as seguintes perguntas: as propostas de valor atendem os segmentos de clientes? Os canais escolhidos são adequados para oferecer as propostas de valor? Tenho parceiros capazes de entregar os recursos e atividades do negócio? As receitas do negócio são suficientes para cobrir a estrutura de custos? E, lembre-se, o Canvas é uma ferramenta dinâmica, portanto deve ser atualizado sempre que possível. Aproveite também as dicas finais a seguir para tirar o máximo proveito da ferramenta.

DICAS!

Confira algumas boas práticas para preencher o Canvas:

- Não escreva direto no Canvas! Use *post-its* que dão mais flexibilidade na hora de fazer mudanças. Dessa forma, você consegue mover as informações e deixar suas ideias fluírem.

- Use *post-its* de cores diferentes. Ao usar cores diferentes, você consegue distinguir com mais facilidade cada aspecto do seu Canvas. Isso é muito importante, principalmente se você tem dois ou mais segmentos de clientes.

- Coloque apenas uma ideia por *post-it*. Não inclua vários tópicos em um mesmo *post-it*, para você não se perder com as informações.

- Vá direto ao ponto. Seu Canvas deve conter só o que é essencial para o funcionamento do negócio. Portanto, seja objetivo e não encha o seu Canvas de *post-its*, nem detalhe demais as ideias em cada *post-it*.

- Teste as premissas do seu Canvas. Não cometa o erro de colocar as ideias em uma folha de papel e achar que o sucesso está garantido. Valide o seu modelo de negócios na prática e esteja disposto a aprender, e preparado para mudar!

PARA PRATICAR...

AGORA QUE VOCÊ CONHECE O CANVAS, VAMOS APLICÁ-LO A UMA EMPRESA DE TRANSPORTES VIA APLICATIVO, PARA ANALISAR A ESTRUTURAÇÃO DE SEU MODELO DE NEGÓCIOS. PRIMEIRAMENTE, VOCÊ DEVE ANALISAR O CANVAS NA FIGURA 2. PROCURE SEGUIR A ORDEM LÓGICA SUGERIDA AQUI NO LIVRO. IDENTIFIQUE ALGUNS BLOCOS CENTRAIS PARA O MODELO DE NEGÓCIOS FUNCIONAR, AQUELES QUE SÃO INDISPENSÁVEIS PARA A EMPRESA CRIAR, ENTREGAR E CAPTURAR VALOR.

FEITA ESSA ANÁLISE INICIAL, VAMOS ENTÃO IMAGINAR QUE OS VEÍCULOS AUTÔNOMOS[3] SE TORNARAM UMA REALIDADE (SE VOCÊ ESTÁ ACOMPANHANDO AS NOTÍCIAS, DEVE TER VISTO QUE ESTAMOS QUASE LÁ!). COMO ESSA NOVA REALIDADE IRÁ IMPACTAR O MODELO DE NEGÓCIOS DO UBER? QUAIS POST-ITS SERIAM REMOVIDOS? – ELIMINE-OS, MARCANDO UM "X" SOBRE ELES NO QUADRO. EM SEGUIDA, USE SUA CRIATIVIDADE PARA PROPOR NOVAS IDEIAS DE PROPOSTAS DE VALOR, PARCEIROS-CHAVE, RECURSOS-CHAVE E DEMAIS BLOCOS. MÃOS À OBRA!

---

[3] Um veículo autônomo é aquele com capacidade de transportar pessoas ou bens sem a utilização de um condutor humano, ou seja, um veículo sem motorista.

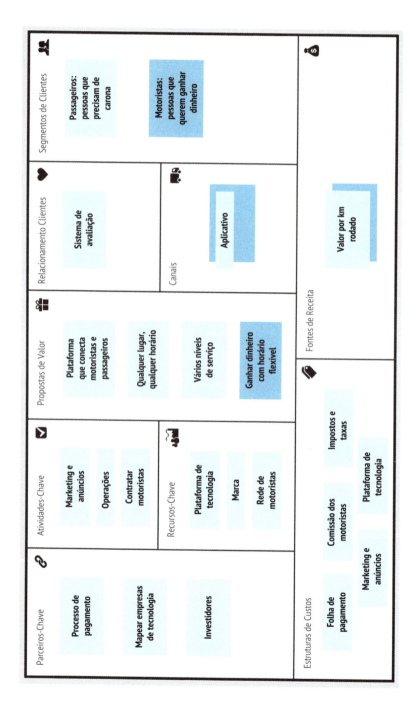

Figura 2 – Modelo de negócios Canvas de uma empresa de transportes via aplicativo.

14. CICLO PDCA

Toda empresa procura (ou pelo menos deveria procurar!) sempre melhorar a qualidade e eficiência de seus projetos. O ciclo PDCA[1] foi criado há mais de setenta anos, figurando entre as melhores ferramentas de gestão sendo que a sigla PDCA significa *Plan* (Planejar), *Do* (Executar), *Check* (Verificar), *Act* (Agir). Em geral, é chamada de ciclo, porque é um modelo repetitivo com quatro estágios em que a melhoria contínua ocorre a cada vez que o ciclo é ativado e retorna ao seu início. Quando você planeja, executa, verifica e age continuamente, é possível eliminar os erros, aperfeiçoando seu negócio a cada ciclo. Por isso, essa clássica ferramenta de gestão da qualidade faz parte de um conceito maior conhecido como Kazien,[2] que consiste na eliminação de desperdícios na cadeia de valor.

A abordagem dos processos por meio da metodologia do ciclo PDCA é muito importante, pois permite em apenas quatro passos (planejar, executar, verificar e agir) melhorar produtos, serviços e processos, aprimorando continuamente o seu negócio. Os benefícios do uso dessa ferramenta incluem: redução de custos, aceleração de rotinas e eliminação de erros. Se você estava em busca de uma ferramenta de gestão testada e aprovada, vale a pena apostar nesse clássico da gestão da qualidade.

Quando usar?

A aplicação do ciclo PDCA é recomendada pela ISO 9001:2015[3] para ajudar no desenvolvimento da qualidade dos processos, identificando as causas de seus problemas e implementando soluções para os mesmos. Ela é uma aliada na solução de problemas, tanto grandes como pequenos. Mas,

---

[1] O ciclo PDCA também é conhecido como ciclo de Deming ou ciclo de Shewhart. Isso ocorre porque, em 1930, o americano Walter Andrew Shewhart apresentou um ciclo aplicável sobre a administração da qualidade: o PDCA. Porém, foi William Edwards Deming que popularizou a ferramenta durante a década de 1950 em suas palestras no Japão, tornando o ciclo PDCA amplamente reconhecido ao redor do mundo. Ainda há outras variações, como: ciclo PDSA (plan-do-study-act) com "estudar" no lugar de "verificar". Deming achava mais apropriado "estudar" porque envolve um exame mais robusto do que "checar". Ou ainda OPDCA, que adiciona a etapa de "observar" o processo para identificar o problema que precisa ser tratado antes de planejar.

[2] O termo Kaizen tem sua origem na junção de dois caracteres japoneses: "kai" que significa mudança e "zen" que significa "melhoria contínua".

[3] A ISO 9001:2015 consiste em um grupo de normas técnicas que estabelecem um modelo de gestão da qualidade para organizações em geral.

além do aperfeiçoamento dos processos de uma empresa, a metodologia também pode ser usada na melhoria contínua de produtos e serviços. Essa ferramenta de gestão da qualidade pode ser adotada inclusive na gestão de projetos.

Você pode aplicar o ciclo PDCA para uma atividade específica ou para um departamento (Produção, Logística, Recursos Humanos e muitas outras áreas do negócio). E, apesar de ter surgido no contexto da indústria, sua adoção pode ser indicada para empresas de todos os segmentos. Seu modelo intuitivo é realmente fácil de aplicar e traz ganhos reais para toda e qualquer empresa que fizer uso dele. E seus benefícios vão muito além do profissional, podendo ser aplicado na vida pessoal.

Vale lembrar que, para aumentar as vantagens do ciclo PDCA, o mesmo pode ser utilizado em conjunto com outras ferramentas da qualidade, como a análise SWOT que vimos no capítulo 12. Sempre que algo precisar melhorar a qualidade ou eficiência, você pode recorrer a essa ferramenta, que com certeza irá apoiar você na solução dos problemas. Mas lembre-se de que a ferramenta se fundamenta em um ciclo, portanto todo o seu processo é composto por atividades planejadas e contínuas, que não apresentam um fim predeterminado.

Como usar?

O ciclo PDCA tem seu início pela etapa de planejamento, quando o objetivo é identificar os problemas e definir as ações necessárias para solucioná-los. Em seguida ocorre a execução, etapa em que os planos de ação são postos em prática. A execução do que foi previamente planejado gera a necessidade de avaliar a qualidade do que está sendo feito. Inicia-se assim a etapa de verificação ou checagem, em que se acompanha o cumprimento das metas e indicadores. Por fim, toda essa análise implica a necessidade de ação para corrigir os problemas e divergências encontradas, e criar uma padronização para o que foi bem-sucedido. O ideal é que isso seja feito continuamente, pois dessa maneira é possível se estabelecer um ciclo de melhoria na empresa, conforme mostra a figura 1.

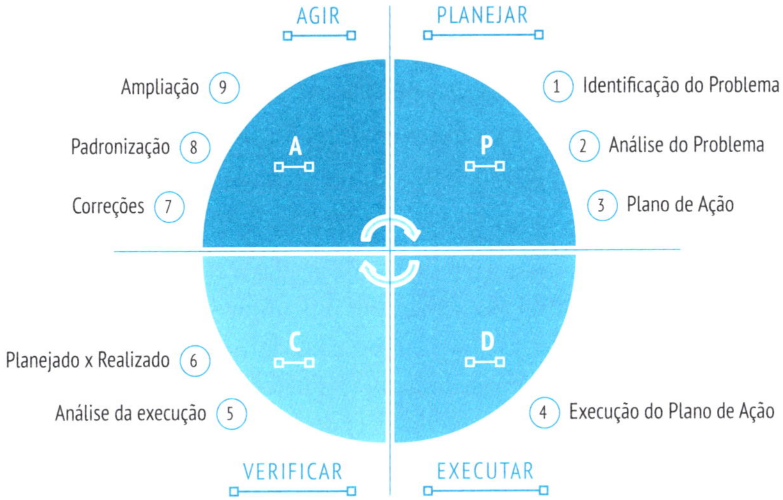

Figura 1 – Ciclo PDCA.

AGIR
- Ampliação (9)
- Padronização (8)
- Correções (7)

PLANEJAR
- (1) Identificação do Problema
- (2) Análise do Problema
- (3) Plano de Ação

VERIFICAR
- Planejado x Realizado (6)
- Análise da execução (5)

EXECUTAR
- (4) Execução do Plano de Ação

Para usar corretamente a ferramenta, vamos ver a seguir uma análise mais detalhada de cada etapa do ciclo PDCA:

PLAN (PLANEJAR): é a primeira etapa do ciclo. Comece identificando e definindo o problema que precisa ser resolvido. Para isso, você deve analisar o fenômeno, definir onde e por que ele começa, e coletar dados relevantes para identificar a causa (raiz) do problema. Existem algumas metodologias específicas para identificar tais causas, como o Diagrama de Ishikawa.[4] Com base nas informações sobre o problema, crie um Plano de Ação para a mudança, contendo os seguintes itens:

- objetivos e metas a serem alcançados;
- lista de ações para solucionar o problema identificado;
- cronograma com início e prazo final para cada ação do plano;
- nome dos responsáveis por cada ação traçada no plano;
- definição de indicadores para mensurar o desempenho do plano.

---

[4] O Diagrama de Ishikawa, também conhecido como Diagrama 6M, Espinha de Peixe ou ainda Diagrama de Causa e Efeito, consiste em um gráfico que tem como objetivo organizar as ideias e a discussão sobre as causas de um problema por meio do agrupamento e fácil visualização das possíveis razões que fazem com que um problema ocorra.

Nesse primeiro estágio constam, portanto, os itens descritivos do problema, as questões que você pretende responder, as previsões sobre as soluções dessas questões (resultados esperados) e o desenvolvimento de um plano de ação. Já fica evidente, nesse estágio, a estrutura e a organização repetitiva do PDCA para encontrar soluções.

Do (EXECUTAR): nessa etapa, execute o plano de ação criado na fase anterior. Você pode pô-lo em prática em um ambiente de teste ou em uma escala pequena, para ter melhores condições de controle e análise dos resultados. Busque seguir rigorosamente o planejamento preestabelecido e conduza um treinamento adequado das pessoas envolvidas na execução do plano, caso contrário pode haver um comprometimento do ciclo PDCA. Durante a implementação das mudanças previstas no plano, observe, meça e colete os dados para a verificação na próxima etapa do ciclo.

Check (VERIFICAR/CHECAR): na terceira etapa do ciclo PDCA, cheque os dados coletados na fase anterior para avaliar os resultados obtidos com a execução do plano. Analise os dados, comparando e identificando as diferenças entre o planejado e o que foi realizado, e verifique se você resolveu ou amenizou o problema. Se o resultado esperado foi alcançado, considere implantar a solução em uma escala mais ampla. Mas, se a solução não resolveu nem amenizou o problema, volte para a etapa de planejamento para reiniciar o ciclo. Procure verificar também o que foi aprendido durante a execução do plano, entendendo as falhas que possam ter ocorrido para auxiliar na continuidade da execução na próxima etapa ou para contribuir no início do novo planejamento. Note que esse é um ponto crítico no processo, pois é o momento em que você vai decidir se vai seguir ou não com a execução do Plano de Ação.

Act (AGIR): agora é o momento de agir! Caso você tenha verificado alguns problemas na etapa anterior, realize as ações necessárias para corrigir as falhas e prevenir novos erros. Se você verificou que o resultado foi conforme o esperado, siga em frente e implemente as melhorias em uma escala maior. Uma vez realizadas as correções das falhas ou a implementação ampla da melhoria, não se esqueça de documentar os resultados e compartilhar o aprendizado com a equipe, fazendo recomendações para o problema que for selecionado para o próximo ciclo PDCA. No final da quarta etapa, o conceito da ferramenta sugere então que o ciclo reinicie, dando continuidade ao processo de melhoria contínua. Portanto, a base dessa ferramenta é a repetição. Cada vez que um problema é identificado e solucionado, a empresa atinge um novo patamar de qualidade e o ciclo PDCA reinicia, pois surgem novas oportunidades de melhoria.

> **DICAS!**
>
> Confira a seguir alguns cuidados ao usar o ciclo PDCA:
>
> - Prossiga para a etapa "Executar" apenas após ter realizado um bom planejamento;
>
> - Cheque bem os resultados obtidos com a execução do plano para não perder tempo na etapa "Agir" com planos que não funcionam;
>
> - Observe se há muitas tentativas de corrigir as falhas na etapa "Agir" e, se for o caso, retorne à etapa de "Planejar";
>
> - Documente bem os resultados que podem servir de aprendizado para o próximo ciclo PDCA;
>
> - Dedique tempo suficiente para cada etapa do ciclo;
>
> - Evite atalhos no ciclo e cumpra todas as fases, sem exceção;
>
> - Não pare após uma volta. Lembre-se de que o ciclo PDCA deve "rodar" continuamente.

PARA PRATICAR...

CHEGOU A HORA DE PÔR EM PRÁTICA O CONHECIMENTO ADQUIRIDO SOBRE O CICLO PDCA. PARA ISSO, VAMOS SUPOR QUE UMA LOJA FÍSICA QUE VENDE SAPATOS VIU SEU FATURAMENTO CAIR 30% NO ANO PASSADO. APÓS UM DIAGNÓSTICO DETALHADO DO PROBLEMA, O DEPARTAMENTO DE MARKETING E VENDAS DA EMPRESA DECIDIU ELABORAR UM PLANO DE AÇÃO PARA CRIAR UM SITE PRÓPRIO (E-COMMERCE) PARA A LOJA, COM A EXPECTATIVA DE DOBRAR O FATURAMENTO DA EMPRESA. AGORA, CONSIDERE O FLUXOGRAMA NA FIGURA 2 E RESPONDA (INDIVIDUALMENTE OU EM GRUPO) ÀS SEGUINTES PERGUNTAS:

1. QUAIS OS PRÓXIMOS PASSOS, USANDO O CICLO PDCA DE MELHORIA CONTÍNUA, PARA O PROJETO DE CRIAÇÃO DO E-COMMERCE DA LOJA?

2. O SITE FOI FINALIZADO E, PARA TESTÁ-LO, O DEPARTAMENTO DE MARKETING E VENDAS ENVIOU UM E-MAIL MARKETING DIVULGANDO O NOVO SITE PARA A BASE DE CLIENTES DA LOJA. COM O LANÇAMENTO DO SITE, O FATURAMENTO DA EMPRESA AUMENTOU 15%. QUAIS OS PRÓXIMOS PASSOS?

3. A EMPRESA INICIOU AGORA A DIVULGAÇÃO DO SITE POR MEIO DO INSTAGRAM PATROCINADO, GOOGLE ADWORDS, ENTRE OUTRAS FERRAMENTAS, PARA ALCANÇAR NOVOS CLIENTES. O FATURAMENTO DA EMPRESA AUMENTOU 15%, MAS AS DEVOLUÇÕES DOS PEDIDOS AUMENTARAM 10%. QUAIS OS PRÓXIMOS PASSOS?

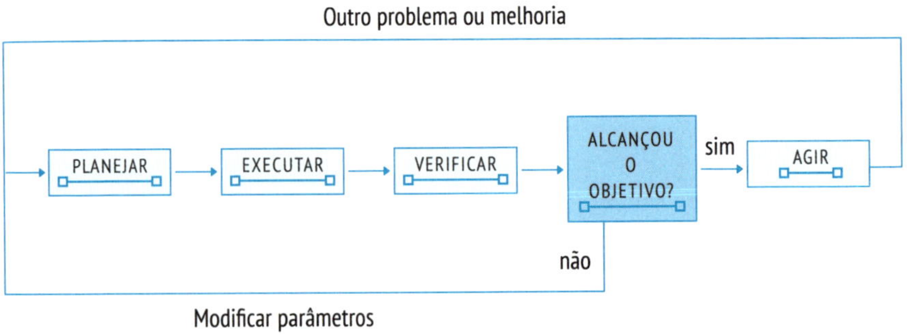

Figura 2 – Fluxograma do ciclo PDCA.

PARTE 5
O FUTURO DA
ADMINISTRAÇÃO

O FUTURO DA ADMINISTRAÇÃO

Não podemos prever o futuro, mas podemos criá-lo.

Peter Drucker (2007)

Falar sobre o futuro é sempre um desafio, mas podemos (e devemos) tentar. Afinal, entender o futuro nos ajuda na tomada de decisões hoje. Essa parte do livro é um momento de reflexão sobre o futuro da administração e foi escrita com base na análise de três temas: as tendências do mercado de trabalho, as perspectivas de carreira em administração e empreendedorismo. Essa análise teve como referência pesquisas, bem como a observação de empresas que estão se reinventando e colhendo bons resultados, além de, é claro, um pouco de imaginação. De posse desse conhecimento, você poderá se preparar e assumir a responsabilidade sobre sua vida profissional, e assim criar o seu futuro!

15. TENDÊNCIAS DO MERCADO DE TRABALHO

No mundo dos negócios não é aconselhável esperar para fazer mudanças. As organizações devem estar em constante transformação para superar os desafios e prosperar em um mercado globalizado e dinâmico como o atual. As mudanças organizacionais fazem então parte da rotina da empresa para responder às exigências do mercado, melhorar resultados e ganhar vantagem competitiva. Naturalmente, essas mudanças afetam o trabalho do administrador e ditam tendências do mercado de trabalho. Vamos conhecer a seguir cinco dessas principais tendências: flexibilidade, autonomia, automação, sustentabilidade e diversidade. Entendê-las ajudará você na tomada de decisões!

Flexibilidade

As organizações sabem que precisam oferecer melhores condições de trabalho aos colaboradores para conseguir aumentar sua produtividade. A adoção de medidas mais flexíveis por parte das empresas contribui para criar um ambiente de trabalho em que os colaboradores estejam engajados e possam dar o seu melhor. Por isso, estamos vivenciando o fim das organizações rígidas, e o surgimento de organizações mais flexíveis. Existem muitas tendências de flexibilização que vão desde mudanças no horário de trabalho até a opção de *home office* (escritório em casa), que estão se tornando cada vez mais comuns entre as empresas.

O horário flexível facilita aos colaboradores conciliar o trabalho com suas atividades pessoais. Poder definir seu próprio horário para se organizar para fazer compras no supermercado, levar os filhos à escola, agendar consulta médica e, inclusive, "fugir" dos horários de pico de trânsito contribui para sua qualidade de vida. Além disso, você já deve ter ouvido pessoas dizerem "eu trabalho melhor de manhã" ou "sou mais produtiva à noite". Talvez você mesmo já tenha identificado os horários em que seu trabalho rende mais. Empresas inovadoras dão tempo e liberdade de horário para que seus colaboradores criem e conduzam seu próprio trabalho. Isso não quer dizer que não há prazo de entrega! Significa que o foco é no cumprimento do prazo e na qualidade da entrega, e não no horário rígido de trabalho.

A flexibilidade do local de trabalho também é uma tendência muito forte, pois traz vantagens para a empresa e os seus colaboradores. A possibilidade de trabalhar de seu próprio lar já vinha sendo adotada por algumas empresas com o objetivo de reduzir custos e proporcionar mais qualidade de vida para seus colaboradores. Mas o *home office* ficou ainda mais conhecido durante a pandemia do novo coronavírus, quando houve uma aceleração no número de empresas que optaram por continuar os trabalhos fora do escritório, como forma de prevenção contra a doença. Conforme indica a figura 1, 83% dos empregadores expandiu a adoção do trabalho a distância. Com o avanço de novas tecnologias que permitam a qualificação e a quantificação do trabalho dos colaboradores que atuam longe do gestor, é provável que o *home office* ou um modelo híbrido de trabalho (alguns dias de trabalho no escritório e outros de casa) continue como tendência mesmo após a pandemia.

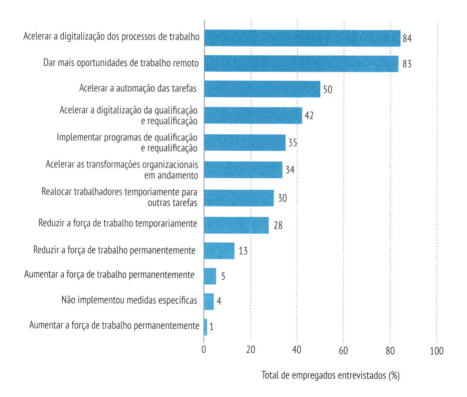

Figura 1 – Plano de adaptação dos negócios em resposta à Covid-19. Fonte: Fórum Econômico Mundial (2020).

Portanto, as organizações vão se tornar cada vez mais flexíveis. Consequentemente, há uma tendência de flexibilidade no trabalho não só do administrador, mas também de outros profissionais, por meio da liberdade de horário, da escolha do local de trabalho ou de outras medidas. Os avanços da tecnologia criam as bases para ampliar ainda mais o processo de flexibilização do trabalho em longo prazo. Essa flexibilização das condições de trabalho proporciona mais qualidade de vida aos colaboradores e melhora a produtividade da empresa. Mas, atenção, isso exige organização e disciplina do administrador!

Autonomia

A administração moderna com base na padronização, na especialização, na hierarquia e no controle, que foi desenvolvida para potencializar a eficiência operacional e garantir a confiabilidade da produção em larga escala, ainda é a realidade de muitas empresas. Mas esses princípios não são mais suficientes para garantir a sobrevivência da empresa no mundo atual. Para as organizações acompanharem as rápidas mudanças de mercado, serem inovadoras o suficiente para imaginar novas formas de criar valor para seus clientes e inspirar seus colaboradores a darem o melhor de si, precisam mudar. Em resposta a essas necessidades, as empresas estão descentralizando suas estruturas, proporcionando mais autonomia para seus colaboradores, e essa deve ser uma forte tendência de trabalho para o administrador.

De acordo com o escritor e consultor empresarial Gary Hamel (2007) em seu livro *O futuro da Administração*, as empresas devem substituir a ideologia de controle e poder por um novo conjunto de princípios. O autor sugere a web (rede de internet) como referência para essa nova ideologia. Ele argumenta que a web evoluiu mais rápido do que qualquer outra coisa que o ser humano tenha criado e isso ocorreu em grande parte porque não é uma hierarquia. Ou seja, a web não tem centro, tudo é periferia. É por causa dessa estrutura descentralizada que a web é adaptável, inovadora e favorece o engajamento. Se aplicarmos esse princípio às organizações, elas poderão ser grandes sem serem burocráticas, focadas sem serem míopes, eficientes sem serem inflexíveis, disciplinadas sem desmotivar seus colaboradores, além de ter outros benefícios.

Para aproveitar essas vantagens da descentralização, um número crescente de empresas tem adotado uma estrutura organizacional com menos níveis hierárquicos, em que as pessoas têm mais autonomia e a informação flui em todas as direções (não apenas de cima para baixo). O colaborador passa então a ser empoderado para realizar o seu trabalho e "com grandes poderes vêm grandes responsabilidades" (princípio de Peter Parker). O líder, por sua vez, não precisará mais focar seus esforços em controlar as pessoas, mas sim em ajudar os colaboradores, disponibilizando todo apoio e ferramentas necessárias para desempenharem suas atividades.

Com uma estrutura organizacional descentralizada, a empresa vai se tornar mais ágil, adaptável e criativa. O processo de descentralização envolve dar mais independência, liberdade e autossuficiência aos seus colaboradores. Por isso, a autonomia é uma tendência do trabalho de quem está em empresas. Isso quer dizer que o administrador do futuro irá gerir seu próprio trabalho. Portanto, você terá ainda mais responsabilidade pelo que entregar! E, quando tiver a sua própria equipe, não se esqueça de também dar autonomia e liberdade para aqueles que trabalharem com você.

Automação

Estamos vivendo uma série de transformações impulsionadas pelo acelerado avanço das tecnologias. A Primeira Revolução Industrial foi caracterizada pelo uso da água e do poder do vapor para mecanizar a produção. Na Segunda Revolução Industrial houve a introdução da energia elétrica para massificar a produção. Já a Terceira Revolução Industrial (ou Revolução Digital) usou a tecnologia da informação e eletrônicos para digitalizar e automatizar o processo produtivo. Agora, a Quarta Revolução Industrial (ou Indústria 4.0) está aprofundando a um ritmo acelerado o processo iniciado na Terceira Revolução, por meio da fusão de tecnologias que estão fortalecendo a tendência de automação e ultrapassando os limites entre o mundo físico e o digital, como já previa o autor Yuval Noah Harari em seu livro *Sapiens: uma breve história da humanidade*.

NAVEGANDO A PRÓXIMA REVOLUÇÃO INDUSTRIAL

REVOLUÇÃO	ANO	INFORMAÇÃO
1	1784	Vapor, água, equipamento de produção mecânico
2	1870	Divisão de trabalho, eletricidade, produção em massa
3	1969	Eletrônicos, TI, automação da produção
4	?	Sistemas físico-digitais

Figura 2 – As Revoluções Industriais.
Fonte: Fórum Econômico Mundial (2015).

Não há dúvidas de que a Quarta Revolução Industrial irá mudar o modo que vivemos, obrigará as empresas a reavaliarem a forma como fazem negócios e terá um grande impacto no nosso trabalho. A adoção de tecnologias inteligentes vai transformar sistemas de produção inteiros, a gestão e a governança. A inteligência artificial, por exemplo, permitirá conectar máquinas que vão interagir entre si, visualizar toda a cadeia de produção e tomar decisões sem a ajuda de humanos. A impressão 3D tem o potencial de converter até mesmo um quarto em uma fábrica. A internet das coisas (IoT) facilitará a coleta e troca de dados e ação com base nesses dados, sem a intervenção humana. A realidade aumentada poderá ser acoplada a óculos que poderão ser usados por trabalhadores de galpões, para conferirem o estoque dentro das caixas sem ter que abri-las. Confira na figura 3 oito tendências tecnológicas.

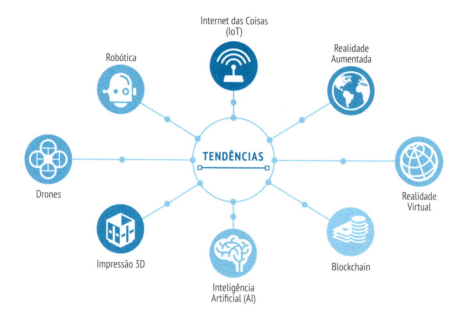

Figura 3 – Oito tendências tecnológicas. Fonte: PwC (2017).

A pandemia do coronavírus intensificou ainda mais do que o esperado o processo de digitalização e automação nas empresas. Como resultado da ação das forças da Quarta Revolução Industrial e da Covid-19, o Fórum Econômico Mundial (2020) prevê que, até 2025, a automação eliminará 85 milhões de empregos no mundo. Trabalhos mais operacionais continuarão sendo progressivamente substituídos por máquinas. Mas isso não deve ser motivo de preocupação, porque, por outro lado, de acordo com o mesmo relatório, 97 milhões de novos empregos que devem ser criados estarão mais adaptados a essa nova divisão de trabalho entre pessoas, máquinas e algoritmos.

Essa mudança na divisão de trabalho cria, na avaliação do Fórum Econômico Mundial (2020), uma "crescente instabilidade de competências, uma vez que a tecnologia muda os perfis de muitos empregos atuais e diferentes habilidades" são requisitadas. Por esse motivo, segundo a avaliação, estima-se que cerca de 40% dos trabalhadores do mundo precisarão passar por algum processo de requalificação nos próximos anos. Além disso, 94% dos empregadores relataram que esperam que seus colaboradores ampliem sua qualificação, aprendendo novas habilidades para usar no trabalho. Ou seja, a maioria dos empresários reconhece o valor e a necessidade de requalificar ou ampliar a qualificação da sua força de trabalho!

Portanto, o avanço tecnológico seguirá impulsionando a tendência de automação do trabalho do administrador. Conforme a automação substituir a força de trabalho humano, haverá uma crescente eliminação de empregos na economia mundial. Ao mesmo tempo em que haverá a extinção de empregos, serão criadas novas oportunidades de trabalho. Os novos empregos, por sua vez, demandarão novas habilidades, pressionando os trabalhadores a se requalificarem ou ampliarem sua qualificação. Veremos no próximo capítulo quais são as perspectivas de carreira para auxiliar o administrador a se preparar para esse novo cenário!

Sustentabilidade

No sistema econômico capitalista, o principal objetivo da empresa tem sido gerar lucros. Consequentemente, os administradores tinham como foco a maximização do lucro da organização. Mas as últimas décadas mostraram como é catastrófica a busca por lucro a qualquer custo. A atuação irresponsável de muitas empresas tem causado impactos negativos, como desmatamento, mudança climática, exploração do trabalho infantil, entre outros problemas. Felizmente, as pessoas começaram a notar a gravidade da situação e o debate sobre a importância da sustentabilidade se tornou um tema essencial e recorrente, a partir da última década do século XX. Nesse contexto, a busca por produtos e serviços que sigam os padrões definidos pelo conceito de sustentabilidade aumentaram e as empresas estão sendo pressionadas a mudar para atender a essa tendência de consumo, o que, por sua vez, exige dos profissionais de administração cumprir um papel ainda mais relevante para o desenvolvimento sustentável das organizações.

Para contribuir com o debate sobre sustentabilidade, o consultor britânico John Elkington criou em 1994 o conceito *Triple Bottom Line*[1] ou Tripé da Sustentabilidade. O consultor explica que o tripé é uma abordagem da

---

[1] O Tripé da Sustentabilidade também é conhecido como 3BL ou 3Ps (*People*, *Planet* e *Profit*) que em português é traduzido como PPL (Pessoas, Planeta e Lucro). Alguns estudos sobre sustentabilidade também sugerem incluir os aspectos culturais e tecnológicos como importantes complementos para a manutenção da sustentabilidade.

sustentabilidade que consiste na análise dos impactos econômico, social e ambiental da empresa, como mostra a figura 4. A ideia é encorajar as organizações e seus administradores a buscar mais do que apenas o lucro e monitorar e fazer a gestão dos resultados considerando as dimensões econômica (não só financeira), social e ambiental. Somente unindo essas três dimensões é que será possível alcançar plenamente o conceito proposto pela sustentabilidade. Afinal, podemos encontrar um caminho para ganhar, sem que para isso os outros (a comunidade, a natureza, etc.) precisem perder.

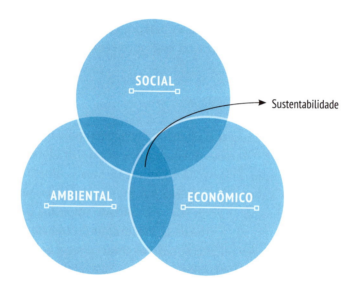

Figura 4 – O Tripé da Sustentabilidade.

Agora, vamos conhecer um pouco melhor as três dimensões do Tripé da Sustentabilidade. O pilar ambiental diz respeito aos impactos positivos e negativos que uma organização tem sobre o meio ambiente. Qualquer tipo de atividade que cause impactos ambientais negativos deve ser evitado. Com relação ao pilar social, a empresa deve considerar os impactos das suas atividades não apenas sobre seus acionistas, mas também sobre todos os seus *stakeholders* (colaboradores, clientes, fornecedores, comunidades, governo e outras pessoas influenciadas ou afetadas pela empresa). A prioridade é garantir o bem-estar das pessoas. Já o pilar econômico refere-se ao impacto que a empresa tem sobre a economia local, nacional e internacional. É natural que ela se preocupe com seu resultado em termos de lucro, mas não deve se limitar apenas a esse tradicional indicador e muito menos colocá-lo acima dos outros dois pilares. Confira a seguir no quadro 1 alguns exemplos de como uma empresa deve agir para estar de acordo com o conceito de sustentabilidade.

QUADRO 1. AÇÕES SUSTENTÁVEIS POR DIMENSÃO		
DIMENSÃO AMBIENTAL	DIMENSÃO SOCIAL	DIMENSÃO ECONÔMICA
Reduzir o desperdício	Valorizar direitos humanos	Maximizar lucro
Usar energia limpa	Fazer parcerias com ONGs	Criar emprego
Preservar recursos naturais	Valorizar seus fornecedores	Pagar impostos
Reduzir emissão de CO_2	Apoiar causas sociais	Gerar inovação
Apoiar reflorestamento	Respeitar os clientes	Ser transparente

Infelizmente, apesar do sucesso do tripé da sustentabilidade no mundo dos negócios, as empresas estão aplicando o conceito de forma errada. Elas começaram a explorar ações sustentáveis em campanhas de marketing para valorizar suas marcas, enquanto, na prática, o lucro continua sendo a motivação principal delas. Tanto que Elkington decidiu em 2018 escrever um artigo para relembrar a todos o real sentido da sua proposta do Tripé da Sustentabilidade. Seu objetivo era criar um conceito que fizesse as empresas e as pessoas repensarem o capitalismo e encorajar mudanças nesse sistema, com a adoção de novos valores, perspectivas, incentivos e resultados.

Enquanto essa mudança mais profunda do sistema capitalista não ocorre, você pode adotar os três Rs (reduzir, reutilizar e reciclar) no seu dia a dia, dentro e fora da empresa. Busque reduzir o uso de papel (imprima apenas aquilo que for realmente necessário), o consumo de combustível, o uso de copo plástico, o consumo de energia elétrica e de outros elementos que prejudiquem o meio ambiente. Aproveite para reutilizar o que for possível, como a água da chuva, cartuchos de impressora e roupas velhas (na internet você encontra vários vídeos com dicas para isso). E procure reciclar, sempre que possível, latas de refrigerante, papelão, plástico e vidro, reduzindo assim a poluição do meio ambiente, bem como o uso de matéria-prima.

Desse modo, podemos notar que a exploração do planeta na busca incessante por lucro a qualquer custo não é sustentável em longo prazo. Toda empresa hoje em dia deve se preocupar com o desenvolvimento sustentável. Assumir um compromisso com o Tripé da Sustentabilidade significa conciliar o desenvolvimento econômico, com a preservação ambiental e o bem-estar da sociedade. E essa é uma tendência do trabalho do administrador, que, como parte da organização, pode contribuir para que ela adote práticas sustentáveis por meio de soluções inovadoras.

Diversidade

Estudos internacionais mostram que existe uma relação entre diversidade e performance financeira das empresas. A McKinsey & Company, firma global de consultoria estratégica, divulgou em 2020 os resultados da sua última pesquisa sobre diversidade no ambiente corporativo. O relatório, chamado *Entregando através da diversidade*, mostra o impacto positivo da diversidade no desempenho financeiro das instituições. Os dados do estudo indicam, por exemplo, que as empresas com maior diversidade étnica, em suas equipes executivas, têm 33% mais propensão à rentabilidade. Por isso, as organizações começaram a enxergar a diversidade como fonte de vantagem competitiva e a criar melhores estratégias de inclusão, valorizando a diversidade de idade, gênero, minorias, nacionalidades e área de formação. A diversidade parece, portanto, ser um caminho sem volta e deve seguir como tendência do mercado de trabalho. Nesse contexto, é importante que os profissionais de administração saibam trabalhar com a diversidade, uma vez que suas habilidades sociais e emocionais serão reconhecidas e valorizadas.

Com o aumento da idade média de aposentadoria, a força de trabalho tem se tornado cada vez mais multigeracional. Isso significa que será cada vez mais comum ter várias gerações (*baby boomers*, geração X, *millenials* e geração Z) trabalhando juntas e as empresas vão ter mais diversidade de idade no local de trabalho do que nunca. Esse fenômeno é positivo, porque, segundo a edição 2020 do relatório *Tendências globais de talento*, do LinkedIn, 89% dos profissionais de RH e recrutadores afirmam que uma força de trabalho multigeracional contribui para o sucesso da empresa. No entanto, cada geração tem comportamentos, forças e preferências diferentes, o que pode aumentar o conflito de gerações no ambiente de trabalho. Os *baby boomers*, por exemplo, são os que mais valorizam a formação acadêmica. A geração X, por sua vez, tende a ficar mais tempo na mesma empresa do que as demais gerações. Já os *millenials* são os que costumam ter melhor habilidade para analisar dados. E a geração Z é a que mais valoriza oportunidades de treinamento. Nesse cenário, as empresas vão ter de adaptar seus processos de recrutamento e gestão, mas vai valer a pena porque o talento independe da idade, como mostra o filme *Um senhor estagiário*.

A diversidade de gênero e de minorias sociais[2] dentro das empresas também tem passado por alguns avanços. A participação da mulher no mercado de trabalho tem se ampliado nos últimos anos, mas as condições de trabalho e a remuneração ainda precisam melhorar. Algumas empresas também estão se mobilizando e criando estratégias para viabilizar o ingresso de minorias no mercado de trabalho, com a criação de processos seletivos de *trainees* exclusivamente para pessoas negras, como forma de contornar o racismo estrutural da sociedade brasileira, que acaba se refletindo no ambiente corporativo. Há também a Lei nº 13.146/2015, conhecida como a Lei de Inclusão, mas que se limita à inclusão da pessoa com deficiência (física, sensorial, mental ou intelectual). Ainda há muitos desafios para que a diversidade no mercado de trabalho, de fato, aconteça. O lado bom é que a inclusão de minorias nas organizações e a importância da diversidade estão deixando de ser um tabu e tornando-se uma necessidade.

Os avanços no processo de internacionalização de empresas, no qual as organizações começam a atuar em outros países, também reforçam a tendência de diversidade da força de trabalho e, com isso, aumentam as chances de você trabalhar com um estrangeiro. Pode ser que você tenha que fazer contato com um fornecedor argentino para importar matéria-prima ou um cliente americano para quem sua empresa exporta seus produtos, ou ainda pode ser que você seja contratado por uma empresa chinesa que se instalou aqui e que provavelmente irá mandar expatriados[3] para trabalhar na sua área. Quem sabe você mesmo pode se tornar um expatriado e

---

[2] As minorias sociais são grupos de pessoas que se encontram em situação de desvantagem social, cultural, política, étnica, física, religiosa ou econômica, e têm sido historicamente subrepresentados na política e nos negócios.
[3] Expatriados são funcionários enviados para subsidiárias de uma empresa para trabalhar e viver em outro país.

ter a oportunidade de trabalhar no exterior! Além disso, os profissionais não competirão mais apenas com candidatos locais, já que a tendência dos talentos globais ganhou ainda mais força. Isso quer dizer que você não terá mais apenas que aprender outro idioma, mas sim aprender a lidar com diferenças culturais.

Outra tendência que vem ganhando cada vez mais espaço nas empresas é a formação de equipes multidisciplinares. Uma equipe multidisciplinar é um time formado por profissionais com diferentes habilidades técnicas, perfis comportamentais variados, vivências e experiências distintas uns dos outros. A tradicional estrutura organizacional baseada em setores tem dado lugar para estruturas que privilegiem o trabalho em grupos com profissionais de diversas áreas de formação, a fim de que um mesmo tema ou objeto possa ser estudado sob o enfoque de diversas disciplinas. As empresas contratarão, por exemplo, talentos com diferentes especializações para atuar por projeto e com funções claras e definidas. Espera-se com essa diversidade de áreas de conhecimento tornar a empresa mais dinâmica e ágil para se adaptar às rápidas mudanças de mercado. Por isso, o administrador deve estar preparado para atuar com equipes multidisciplinares que efetivem o trabalho de modo democrático, agregador e cooperativo, com qualidade e eficiência.

O avanço da diversidade nas empresas parece ser, portanto, uma tendência irreversível. Mas uma empresa que, de fato, preocupa-se com a diversidade, precisa então garantir a inclusão em seu time de pessoas de diferentes idades, gênero, etnias, nacionalidades, áreas de formação, entre outros perfis diversos de colaboradores. Além disso, para colher bons resultados a partir das riquezas que essa diversidade oferece, é necessário criar um ambiente em que todos os seus colaboradores tenham espaço e sejam respeitados. Isso inclui o preparo de gestores e líderes para acolher diferentes pessoas com diferentes características e comportamentos. Com certeza o esforço valerá a pena!

16. PERSPECTIVAS DE CARREIRA

O curso de administração proporciona uma formação muito versátil, por ser abrangente e lidar com várias áreas. O perfil generalista do administrador permite que atue em praticamente todos os setores da economia. Além disso, o administrador pode ocupar diversos cargos, que vão desde auxiliar administrativo até ser o CEO de uma empresa multinacional. Ou ainda, se preferir, o profissional de administração pode ter o seu próprio negócio. Portanto, esse é um curso que abre portas para boas oportunidades de trabalho, e por isso está sempre entre os mais procurados. Vamos explorar as perspectivas de carreira em administração, começando pelos setores da economia que apresentam o melhor potencial de crescimento. Em seguida, veremos os cargos que estarão em alta nos próximos anos e algumas das principais habilidades técnicas que o administrador precisa ter para conquistá-los. Dessa forma, você conseguirá planejar melhor seu futuro profissional!

Falar sobre perspectivas futuras é sempre um desafio, em especial em um mundo VUCA[1], abreviatura em inglês para as palavras *Volatility* (volatilidade), *Uncertainty* (incerteza), *Complexity* (complexidade) e *Ambiguity* (ambiguidade), como o que estamos vivendo. Geralmente, em um ambiente volátil, incerto, complexo e ambíguo, a resposta mais adequada às situações é "depende"; sendo assim, não existem respostas certas ou erradas. De toda forma, existem bons estudos que podem nos ajudar a entender o cenário atual e identificar com mais assertividade as tendências de mercado. Segundo o World Wealth Report 2020 (Relatório Mundial de Riqueza 2020), do Capgemini Research Institute, essa é a lista dos 10 setores mais promissores nos próximos anos:

---

[1] VUCA é um acrônimo que descreve quatro características marcantes do momento que estamos vivendo: Volatilidade, Incerteza, Complexidade e Ambiguidade. Apesar de o termo ter surgido na década de 1990 em ambiente militar, ele foi incorporado mais recentemente ao vocabulário corporativo por se aplicar perfeitamente ao ambiente de negócios atual, que está gerando novos desafios tanto para os profissionais quanto para as organizações. Consulte o glossário ao final para saber mais.

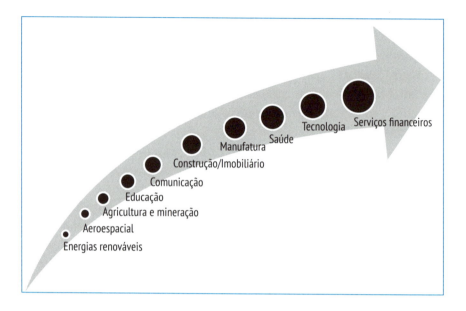

Figura 1 – Setores promissores na geração de riqueza.
Fonte: Capgemini Research Institute (2020).

Esses são setores que devem continuar crescendo e provavelmente serão responsáveis por absorver grande parte dos profissionais do mercado de trabalho, oferecendo boas oportunidades de emprego e perspectivas de carreira. Podemos observar na lista que há setores modernos, como o de tecnologia, que apresentou em 2020 um crescimento de 25% no número de vagas e cujas médias salariais também aumentaram entre 20% e 30%, de acordo com levantamento da Revelo, empresa de recrutamento e seleção. Mas a lista também contém setores mais tradicionais, como o de agronegócio e mineração. Esse setor está em evidência, em grande parte, impulsionado pela demanda das economias emergentes na África e Ásia, e em razão dos debates em torno da sustentabilidade e da alimentação.

O administrador também tem boas oportunidades de carreira no setor público. Existem basicamente cinco formas de ingressar nesse setor. A forma mais tradicional de ingresso é se tornar um servidor público e, para isso, você precisa ser aprovado por meio de um concurso público, de provas ou de provas e títulos. Você também tem a opção de escolher ser um empregado público, que, diferente do servidor, segue o regime de trabalho nos moldes da Consolidação das Leis do Trabalho (CLT). O empregado público trabalha em empresas do estado, que podem ser de natureza privada ou de economia mista, como o Banco do Brasil e a Petrobras. Assim como o servidor, o empregado também precisa ser aprovado em concurso e ambos possuem a vantagem de ter certa estabilidade, não podendo ser dispensados imotivadamente o que os torna opções atraentes, dependendo do seu perfil. A terceirização, o estágio e os cargos de confiança são outras três opções para entrar nesse concorrido setor.

Além dos setores público e privado, o terceiro setor[2] pode ser uma opção interessante para o administrador, pois abrange todas as organizações que estão entre o setor privado e o setor público. Diante da incapacidade do Estado brasileiro em propor estratégias, programas e metas para superar os problemas socioambientais, as perspectivas de crescimento para o terceiro setor tornam-se claras. Você poderá trabalhar em organizações que buscam gerar impacto socioambiental, sejam organizações da sociedade civil, como Fundações, Associações ou Institutos; sejam cooperativas ou sejam empresas que se intitulam negócios sociais. Caso a carreira no terceiro setor lhe interesse, você pode consultar, por exemplo, o Setor 3 que é o portal do Senac especializado em desenvolvimento sustentável, no qual você encontrará oportunidades de emprego divulgadas por diversas organizações do terceiro setor e entidades que trabalham na área de desenvolvimento sustentável.

Agora que já vimos os setores que apresentam boas perspectivas de carreira para o administrador, vamos conhecer os cargos que deverão estar entre os mais requisitados pela maioria dos setores nos próximos anos. Como vimos no capítulo anterior, os avanços tecnológicos irão impactar cada vez mais a forma de trabalho em todos os setores. Isso significa que alguns cargos ganharão destaque porque serão mais demandados pelo mercado, enquanto outros serão substituídos ou até mesmo gradualmente eliminados. Com base no relatório *O futuro do trabalho* de 2020, do Fórum Econômico Mundial, vamos conferir no quadro 1 os cargos que estão em alta e os que estão em baixa no Brasil:

---

[2] O terceiro setor também é conhecido como setor de impacto, setor sem fins lucrativos, setor da sociedade civil, setor das ONGs, entre outros nomes.

QUADRO 1. CARGOS EM ALTA E EM BAIXA NO BRASIL

CARGOS EM ALTA	CARGOS EM BAIXA
1. Especialista em AI e aprendizado de máquina	1. Contabilidade
2. Analista e cientista de dados	2. Analista de entrada de dados (digitadores)
3. Especialista em Internet das Coisas (IoT)	3. Trabalhadores em linha de montagem
4. Especialista em transformação digital	4. Secretarias administrativas e executivas
5. Especialista em big data (megadados)	5. Mecânicos de máquinas
6. Analista administrativo e organizacional	6. Gestor de estoque
7. Especialista em estratégia e marketing digital	7. Atendimento ao cliente
8. Gestor de projetos	8. Caixas e outros serviços bancários
9. Especialista em automação de processos	9. Auditores
10. Gerente de serviços administrativos	10. Gerente de serviços administrativos

Fonte: Fórum Econômico Mundial (2020).

Podemos observar, com base no quadro, que boa parte dos cargos em alta estão relacionados às novas tecnologias (AI, Big Data e IoT) ou são reflexo do processo de automação e digitalização pelo qual as organizações estão passando. São esses mesmos fatores que estão "colocando em cheque" os cargos que estão em baixa. Veja também que a palavra "especialista" aparece várias vezes acompanhando o nome dos cargos, indicando uma tendência de especialização para se adaptar à nova realidade. A especialização poderá ser então uma opção interessante para a carreira do profissional de administração. Isso não quer dizer que os cargos com perfil generalista, ou seja, que exigem habilidades diversificadas e conhecimentos amplos sobre diversos campos, deixarão de existir. As empresas continuarão oferecendo boas perspectivas de carreira, tanto para profissionais especialistas como para os generalistas.

Outro ponto interessante de se notar no quadro é que o cargo de "Gerente de Serviços Administrativos" aparece tanto no quadro de cargos em alta como em baixa. Mas o que isso significa? Esse profissional é responsável pelo desempenho correto das atividades de apoio administrativo da empresa, que podem incluir, por exemplo, manter registros, planejar orçamentos, alocar suprimentos e dar suporte para as outras áreas. O fato de aparecer em ambos os quadros indica que esse cargo continuará existindo, porém, o que o profissional que ocupa esse cargo faz e como ele faz deverá mudar nos próximos anos. Isso nos leva ao nosso próximo passo, que é analisar as habilidades que serão cada vez mais valiosas para uma carreira de sucesso.

As novas tecnologias e suas automações que estão moldando os cargos do futuro são verdadeiras aliadas dos administradores na otimização do tempo e da qualidade do trabalho, mas vão exigir que o profissional aprimore algumas habilidades para lidar com elas. Não são necessariamente novas, porém com certeza se tornarão cada vez mais importantes para os administradores superarem os desafios do novo mundo. Vamos conhecer a seguir algumas dessas habilidades que ajudarão você a alcançar seus objetivos de carreira.

- **Pensamento analítico**: é a capacidade de abordar assuntos complexos por meio da coleta, organização e análise de informações. Pessoas com essa habilidade conseguem detectar padrões ou relações de causa e efeito em um conjunto de dados que aparentemente não têm conexão e transformar essas informações em planos de ação que ajudam a empresa. Pensadores analíticos auxiliam seu time a estar bem informado para tomar as melhores decisões.

- **Pensamento crítico**: refere-se à habilidade de analisar e avaliar a informação de forma objetiva (isento de emoções ou opiniões pessoais), e determinar como ela deve ser interpretada. Profissionais com pensamento crítico questionam a realidade e analisam uma situação desde diferentes perspectivas para formar seu julgamento.

Pensadores críticos contribuem com opiniões confiáveis, porque estão baseadas na racionalidade, razoabilidade e empatia.

- **Resolução de problemas complexos**: é a arte de identificar e solucionar problemas confusos, instáveis e imprevisíveis (que são cada vez mais comuns no mundo VUCA). Pessoas com boa capacidade de resolução de problemas complexos olham um problema sob diferentes pontos de vista, desenvolvem opções de solução e selecionam a melhor delas, considerando as variáveis que envolvem o problema. Profissionais que possuem essa habilidade ajudam seu time a manter o foco na solução, sempre buscando a opção mais prática.

- **Adaptabilidade**: diz respeito à habilidade de mudar para se ajustar a novos cenários e situações. Se as mudanças são inevitáveis, é preciso adaptabilidade para lidar com elas. Pessoas com capacidade de adaptação não têm aversão a novas ideias e encaram as mudanças no trabalho de forma positiva. Esses profissionais rapidamente aprendem novas habilidades e comportamentos em resposta à evolução do ambiente. Inclusive, a tendência é que, quando você se tornar bom no que faz, seja promovido para um novo cargo, precisando se adaptar à nova função!

Certamente será necessário aliar essas habilidades com outras aptidões técnicas e humanas, como vimos nas partes 3 e 4 deste livro, para lidar com as novas tendências que vêm ganhando grande espaço dentro das organizações e desafiando os profissionais de administração a se reinventarem. Para estar competitivamente ativo nas empresas, o administrador deve então ter "fluência tecnológica", caracterizada por competências e habilidades para lidar com o computador, a internet e outras tecnologias, somadas ao conhecimento técnico e a gestão dos recursos humanos. Mas tenha em mente também que o aprendizado não acaba quando termina o curso. A aprendizagem contínua é um processo em que você continua a desenvolver novas habilidades ao longo do tempo e será muito importante para sua carreira. Dessa forma, apesar de a concorrência na área ser alta, você estará preparado para conquistar os cargos que oferecem melhor remuneração, que naturalmente exigem bastante investimento em formação e experiência.

> **PARA PENSAR...**
>
> QUEM VOCÊ CONSIDERA QUE TEM UMA CARREIRA DE SUCESSO EM UMA ÁREA QUE VOCÊ SE INTERESSA (A PESSOA NÃO PRECISA SER NECESSARIAMENTE FAMOSA)? COMO FOI O CAMINHO DELA RUMO AO SUCESSO? QUAIS DESAFIOS ELA ENFRENTOU? QUAIS HABILIDADES ELA TEVE DE DESENVOLVER? AGORA, PENSE SOBRE QUAIS ENSINAMENTOS VOCÊ APRENDEU E PODE APLICAR NA SUA CARREIRA. VEJA SE EXISTE UMA BIOGRAFIA SOBRE A PESSOA OU SE CONSEGUE MARCAR UMA REUNIÃO COM ELA PARA ENTREVISTÁ-LA.

Existem então vários caminhos para uma carreira de sucesso, não existe uma receita única. Independentemente da carreira que você escolher, haverá desafios e você precisará ser resiliente e persistente para superá-los. Com base nessa análise das perspectivas de carreira em administração, passando pelos setores com tendências promissoras, carreiras que estão em alta (e em baixa) e habilidades valiosas para o futuro dos profissionais, você poderá planejar melhor sua carreira. Ao fazer isso, você estará mais preparado para atingir seus objetivos profissionais!

17. EMPREENDEDORISMO

O empreendedorismo vem crescendo no Brasil. Segundo o Sebrae, o país deve ter atingido em 2020 o maior nível de empreendedorismo da sua história. Um estudo da Global Entrepreneurship Monitor (GEM, 2020) indica que, até o fim de 2021, aproximadamente 25% da população adulta estará envolvida com a abertura de um novo negócio ou com uma empresa de até três anos e meio de atividade. E, de acordo com uma pesquisa do Instituto Endeavor, 76% da população do país sonha em abrir uma empresa. Investir no próprio negócio tem sido, portanto, uma tendência cada vez mais comum no Brasil. Como consequência, as faculdades de administração, inclusive, passaram a adotar disciplinas relacionadas a empreendedorismo em seus programas. Vamos então aprender mais sobre o envolvente mundo do empreendedorismo!

Principais conceitos e classificações

Apesar do empreendedorismo ser um fenômeno multifacetado, com várias definições e significados, um conceito amplamente adotado é o do relatório GEM (2020), que diz que empreendedorismo é "qualquer tentativa de criação e desenvolvimento de novos negócios ou empreendimentos, como o trabalho por conta própria, uma nova organização empresarial ou a expansão de uma empresa já existente, por um indivíduo, uma equipe de pessoas, ou um negócio estabelecido". Importante observar que, ao contrário do que muitos pensam, empreendedorismo não significa apenas abrir um novo negócio. Quando uma empresa consolidada decide se arriscar a explorar uma nova área ou desenvolver um produto inovador, ela está empreendendo. A ideia de empreendedorismo inclui, portanto, inovação, autonomia e risco.

O empreendedorismo empresarial tem como objetivo gerar lucro para os proprietários, sócios e investidores. Mas, em vez de obter lucro, o empreendedorismo pode ter como objetivo agregar um valor social, gerando um impacto positivo, que pode ou não resultar em lucro. Nesse caso, estamos falando do empreendedorismo social, que tem como finalidade criar negócios sustentáveis e de valor para a sociedade. Essas iniciativas podem abranger ações voltadas à preservação do meio ambiente, capacitação e oportunidades de tratamento de saúde, entre outras frentes que busquem incluir e emancipar populações em situação vulnerável ou que vivenciem desigualdades.

Outro tipo de empreendedorismo que também vem ganhando destaque é o empreendedorismo feminino. De acordo com o Sebrae (2019) existem no Brasil 9,3 milhões de mulheres que são donas de seus próprios negócios, sendo que 45% delas ainda são chefes de família, ou seja, são as principais responsáveis pela renda em seus lares. Trata-se então de um movimento que reúne negócios criados e liderados por uma ou mais mulheres.

Desde uma perspectiva comportamental, existe o empreendedorismo corporativo ou intraempreendedorismo. Como o nome sugere, refere-se ao empreendedorismo praticado pelas pessoas que estão dentro da empresa, como funcionárias, mas cujas características e atitudes as levam a pensar e agir com a mesma responsabilidade do dono do negócio. Esses colaboradores estão sempre buscando inovar, contribuindo para o crescimento da organização... o que os torna extremamente valiosos para as empresas. Inclusive, segundo o Mapa do Ensino Superior no Brasil em 2018, do Instituto Semesp, o intraempreendedorismo está entre as habilidades essenciais para ingressar e se manter no mercado de trabalho.

Existem também outras formas de classificar o empreendedorismo, considerando, por exemplo, a figura do empreendedor. Nesse caso, há o empreendedor cooperado, o empreendedor serial, o empreendedor herdeiro, o empreendedor franqueado, o empreendedor digital, o empreendedor individual (como o Microempreendedor Individual – MEI, que veremos mais adiante), entre outros. Independentemente de qual for o caso, quando tratamos de empreendedorismo, estamos sempre falando em enxergar oportunidades e investir tempo e recursos (financeiros, materiais e humanos), arriscando-se para explorá-las.

Por que empreender?

Você pode estar se perguntando: mas o que leva alguém a "arriscar-se" a empreender? É muito comum dividir as motivações para empreender em duas: oportunidade e necessidade. Mas a realidade é muito mais complexa, e a verdade é que há diversas razões para alguém decidir abrir um negócio. De acordo com o relatório GEM (2019), uma abordagem mais atual sobre os principais motivos para empreender inclui:

- fazer a diferença no mundo;
- aumentar a renda (enriquecer);
- continuar a tradição da família;
- faltar oportunidade de emprego.

As vantagens de empreender talvez estejam mais claras, afinal vemos com frequência na mídia casos de sucesso de empreendedores que abriram seu negócio e começaram a faturar milhões. Além de poder ganhar muito dinheiro, o empreendedor tem independência, autonomia, flexibilidade de horário e não tem chefe! Tudo bastante glamouroso, não? O que muitas vezes não vemos é que 28,1% dos negócios morrem em seu primeiro ano de vida, segundo a pesquisa *Demografia das empresas e estatísticas de empreendedorismo*, do IBGE (2020). Essa taxa de mortalidade sobe para 60% quando consideramos empresas com pouco mais de cinco anos. Isso ocorre em grande parte porque, apesar de o Brasil ser classificado como um país empreendedor, pelo estudo realizado pela consultoria McKinsey (em parceria com o evento Brazil at Silicon Valley), quase 90% dos empreendedores começou seu negócio próprio em razão da escassez de emprego (GEM, 2020).

Quando alguém abre sua própria empresa tendo como principal razão a necessidade (por exemplo, porque estava desempregado ou por exigências de clientes ou fornecedores), a probabilidade de fechar as portas cedo é muito alta. Isso ocorre porque quem começa seu negócio com a "pressão" da necessidade, na maioria das vezes, não teve tempo de se preparar para empreender. Segundo o Sebrae, as principais causas de mortalidade das empresas são: falta de comportamento empreendedor, falta de planejamento e mal investimento em gestão empresarial (GEM, 2020). Para fugir do alto índice de mortalidade das empresas no Brasil, temos de avaliar se temos um perfil empreendedor, nos planejar e nos capacitar.

O perfil do empreendedor

Para fazermos uma autoanálise e entendermos se estamos preparados para começar um novo negócio, é importante conhecer o perfil do empreendedor. Em alguns casos, pode ser que precisemos desenvolver um pouco mais nossa mentalidade empreendedora. Mas, em outros, podemos até chegar à conclusão de que o empreendedorismo não é para nós. Vamos então conhecer melhor cinco características que fazem parte da essência do empreendedor e que são praticamente seus pilares:

Visão

A visão é a capacidade que alguém tem de enxergar algo antes de todo mundo. Empreendedores enxergam possibilidades e soluções onde uma pessoa normal vê problemas e aborrecimentos. Pessoas empreendedoras imaginam o mundo de forma diferente. Por isso, costumam ser os mais poderosos agentes de transformação da sociedade. Mas fique tranquilo que isso não significa que você precise necessariamente criar uma invenção mirabolante. Veja as situações e os problemas com um olhar diferente e lembre-se: enquanto uns choram, outros vendem lenço!

Coragem de assumir riscos

Todo empreendedor deve saber que assumir riscos é algo que faz parte dos negócios. Vivemos em uma sociedade que ainda valoriza muito a questão da estabilidade e que enxerga as derrotas como motivo de vergonha. Pessoas com perfil empreendedor lidam bem com as incertezas e superam o medo do fracasso. Elas encaram derrotas e momentos de crise como oportunidades de fortalecimento pessoal e da empresa. Supere seus medos e assuma riscos calculados – afinal, não adianta ter visão se não tiver coragem para pôr em prática os seus projetos.

Capacidade de execução

A capacidade de executar uma ideia e transformá-la em realidade é uma característica comum a todos empreendedores. Essa habilidade diz respeito à iniciativa, ou seja, reunir dados e informações, processá-los, tomar decisões e partir para a ação. E também envolve acabativa, que é a capacidade de levar a iniciativa ao final, dedicando-se ao máximo para garantir que o planejado seja executado até o fim. Muitas pessoas querem colher os frutos de um negócio de sucesso, mas poucas estão dispostas a fazer o sacrifício de trabalhar duro até fazer as coisas acontecerem. Aqui, o objetivo não é ter o horário regular de trabalho (8 horas por dia, 5 vezes por semana), mas sim atingir uma meta. Trabalhar pouco é algo que não existe no dicionário do empreendedor.

Disposição para aprender com os erros

Errar faz parte da rotina do empreendedor, o que importa é identificar e corrigir o erro rapidamente, além de aprender para não repetir o mesmo erro. Empreendedores estão, portanto, dispostos a errar e se sentem confortáveis com isso. Quando perguntavam a Thomas Edison como ele se sentia por ter fracassado dez mil vezes durante a jornada para inventar a lâmpada elétrica, ele costumava dizer que não havia fracassado, apenas descoberto dez mil maneiras de não inventar a lâmpada elétrica e por isso não se sentia vencido, porque todo erro era mais um passo à frente para atingir o objetivo dele. E sempre que possível aprenda não só com seus erros, mas com os erros dos outros também!

Persistência

Os empreendedores falham, em média, 3,8 vezes antes do sucesso final e o que separa os bem-sucedidos dos demais é a persistência. Essa frase atribuída à executiva americana Lisa M. Amos não poderia ser mais verdadeira. Todo empreendedor sabe que vai enfrentar muitos problemas pelo caminho e, por isso, além de estar preparado, precisa ter persistência. Já dizia o ditado: "Água mole em pedra dura, tanto bate até que fura". Ser persistente envolve um alto grau de tolerância à dor, porque você terá de continuar em frente, apesar das adversidades. Não se esqueça de que bons resultados exigem tempo, persistência e disciplina.

Como você deve ter percebido, começar um negócio não é algo para todo mundo. Muitas pessoas não têm visão de oportunidade, não possuem "estômago" para assumir riscos, não querem se dedicar tanto para pôr uma ideia em prática, não têm disposição para errar ou ainda não possuem a persistência exigida para empreender. Essas características não são necessariamente pré-requisitos. Pode ser que você não tenha algumas delas, e isso não é um problema, pois você pode desenvolvê-la ou aliar-se a alguém que tenha. Mas se você não tem a maioria delas, isso deve ser um alerta para você repensar, caso a ideia de empreender tenha passado pela sua cabeça. Existem muitas outras oportunidades que podem ser mais adequadas ao seu perfil e lhe dar satisfação profissional.

Planejamento e capacitação

Se você chegou à conclusão de que tem um perfil empreendedor e deseja ir em frente com a ideia de negócio que teve, vale a pena então dedicar um tempo para fazer um planejamento prévio à abertura da empresa. Fazer isso já é um grande diferencial, porque boa parte das pessoas acaba não dando a devida atenção a esse planejamento. Ao abrir a empresa, muitos empreendedores não levantam informações importantes sobre o mercado (como clientes, concorrentes e fornecedores), diferenciais do seu produto ou serviço, nem a necessidade de capital que precisarão para não só abrir, como manter o negócio. Não se planejar antes do início das atividades do estabelecimento pode ser bastante prejudicial ao seu empreendimento.

Há várias ferramentas que podem auxiliar o empreendedor a realizar o planejamento para a abertura do seu negócio. Entre elas temos o Canvas, o Plano de Negócios e a Análise SWOT, as quais vimos na parte 4 deste livro. Planejar-se ajuda a prevenir quaisquer imprevistos que surgirem pelo caminho, mas não é a solução para todos os problemas. Com certeza, no momento que você puser seu planejamento em prática, surgirá uma série de imprevistos e novas informações. Nem tudo vai sair exatamente conforme o planejado, como ilustra a figura 1. O importante é que o planejamento exigiu que você pensasse, organizasse suas ideias e antecipasse problemas. Quando começar a executar o planejamento, você deverá acompanhar e comparar o que foi realizado com o planejado. A partir dessa comparação, verifique se há diferenças, identifique as causas dessas diferenças e revise o planejamento. Se for o caso, mude o plano, mas não o objetivo (seja persistente!).

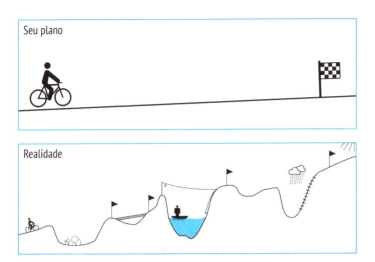

Figura 1 – Plano × realidade.

Além do planejamento, o empreendedor também deve buscar capacitação, a fim de se preparar para os desafios de abrir e fazer a gestão da sua empresa. Do ponto de vista de formação, o administrador deve estar bem preparado, se não for o profissional mais bem preparado para isso. O conhecimento abrangente que o curso de administração oferece é uma vantagem que ajudará bastante o empreendedor que, pelo menos no início, terá que provavelmente fazer de tudo um pouco e, para isso, ter um entendimento básico sobre finanças, marketing, vendas, recursos humanos, logística e produção. Além disso, como já vimos, muitos cursos de Administração passaram a incluir na sua programação disciplinas relacionadas ao empreendedorismo. Então por que não pensar na possibilidade de aliar a carreira de administrador ao empreendedorismo? Para desenvolver uma atitude empreendedora, você também pode e deve participar de palestras e workshops sobre o assunto, ler, assistir filmes e programas de TV, ouvir podcasts e buscar um mentor para orientá-lo. Mantenha-se sempre atento às novidades sobre empreendedorismo e sua área de atuação.

> SUGESTÕES...
>
> LIVROS:
> - *QUEM PENSA ENRIQUECE* (NAPOLEON HILL)
> - *A STARTUP ENXUTA* (ERIC RIES)
> - *A ARTE DO COMEÇO 2.0* (GUY KAWASAKI)
>
> FILMES:
> - *JOY*
> - *FOME DE PODER* (THE FOUNDER)
> - *À PROCURA DA FELICIDADE* (THE PURSUIT OF HAPPINESS)
>
> PROGRAMAS DE TEVÊ:
> - *SHARK TANK* BRASIL E EUA (SONY)
> - *O SÓCIO* (BAND)

Abertura de empresa

É de grande valia desenvolver uma mentalidade empreendedora e características pessoais que o preparem para a jornada. E, claro, planejamento e conhecimento contribuem para reduzir a probabilidade do seu negócio não dar certo. Agora que você já sabe que tem uma veia empreendedora pulsando aí dentro, planejou-se para criar seu novo negócio e se capacitou para empreender, chegou a hora da ação! Para abrir oficialmente seu negócio, o ponto de partida é obter um Cadastro Nacional da Pessoa Jurídica (CNPJ) conforme o modelo da figura 2. O cartão CNPJ é o documento que reúne as informações cadastrais da sua empresa e pode-se dizer que equivale ao CPF da pessoa física. Ele é, portanto, o comprovante da sua existência e regularidade do seu empreendimento na Receita Federal. Uma das formas mais rápidas e simples de conseguir seu CNPJ para começar a empreender formalmente é tornar-se um Microempreendedor Individual (MEI).

Comprovante de Inscrição e de Situação Cadastral

REPÚBLICA FEDERATIVA DO BRASIL
CADASTRO NACIONAL DA PESSOA JURÍDICA

NÚMERO DE INSCRIÇÃO 15.163.396/0001-65 MATRIZ	COMPROVANTE DE INSCRIÇÃO E DE SITUAÇÃO CADASTRAL	DATA DE ABERTURA 08/03/2012

NOME EMPRESARIAL
BENEDITO RAIMUNDO DOS SANTOS 29884149801

TÍTULO DO ESTABELECIMENTO (NOME DE FANTASIA)
****

CÓDIGO E DESCRIÇÃO DA ATIVIDADE ECONÔMICA PRINCIPAL
43.99-1-03 - Obras de alvenaria

CÓDIGO E DESCRIÇÃO DAS ATIVIDADES ECONÔMICAS SECUNDÁRIAS
Não informada

CÓDIGO E DESCRIÇÃO DA NATUREZA JURÍDICA
213-5 - EMPRESARIO (INDIVIDUAL)

LOGRADOURO R VICENTE BAZANI	NÚMERO 168	COMPLEMENTO

CEP 13.807-531	BAIRRO/DISTRITO JARDIM FLAMBOYANT	MUNICÍPIO MOGI MIRIM	UF SP

ENDEREÇO ELETRÔNICO	TELEFONE (19) 9240-5070

ENTE FEDERATIVO RESPONSÁVEL (EFR)
*****

SITUAÇÃO CADASTRAL ATIVA	DATA DA SITUAÇÃO CADASTRAL 08/03/2012

MOTIVO DE SITUAÇÃO CADASTRAL

SITUAÇÃO ESPECIAL ********	DATA DA SITUAÇÃO ESPECIAL ********

Aprovado pela Instrução Normativa RFB nº 1.634, de 06 de maio de 2016.

Emitido no dia **18/08/2017** às **13:55:05** (data e hora de Brasília).

Figura 2 – Cartão CNPJ.

MEI (Microempreendedor individual)

O MEI foi instituído pela Lei Complementar nº 128/2008 com o principal objetivo de estimular o trabalhador a abandonar a informalidade para se tornar um empreendedor legalizado. O empreendedorismo individual é muito comum nas áreas de comércio, indústria e serviços de natureza não intelectual. No caso de prestadores de serviços, costuma ser a opção de formalização para muitos profissionais autônomos e *freelancers*.[1] Mas, para ser um MEI é preciso atender a algumas condições: não ultrapassar o limite de faturamento bruto anual definido em lei, exercer uma das atividades econômicas permitidas[2] para esse regime, não ser sócio, administrador ou titular de outra empresa e contratar no máximo um empregado com remuneração de um salário mínimo ou piso salarial da categoria. Vamos conferir a seguir algumas vantagens de se tornar um MEI:

- Ter cobertura do INSS;[3]
- Poder emitir nota fiscal eletrônica (NFe);
- Pagar imposto fixo, mensal e barato;
- Poder ter conta bancária empresarial;
- Não precisar de contador.

O empreendedor pode, dessa forma, aproveitar as vantagens do MEI e abrir o seu negócio sem a necessidade de um sócio, com agilidade (pela internet) e custo zero de abertura. Para manter o negócio, ele terá uma carga tributária reduzida fixa mensal, sem precisar de contador, além de poder contar com os benefícios da Previdência. Isso significa que você poderá empreender, testando sua ideia com um risco reduzido de perdas e obtendo algumas vantagens. Por essas razões, o número de microempreendedores individual vem crescendo ao longo do tempo. Para se ter uma ideia, segundo o Sebrae, o Brasil registrou a abertura de 2,6 milhões de novas empresas na categoria MEI em 2020 (recorde histórico), o que representou um crescimento de 8,4% em relação ao mesmo período de 2019 (ASN, 2021).

Ao abrir o MEI, o empreendedor obtém ao final do processo de inscrição o Cartão CNPJ e o Certificado da Condição de Microempreendedor Individual (CCMEI), o qual comprova a formalização. O Cartão CNPJ contém apenas os dados da empresa, enquanto o certificado MEI contém informa-

---

[1] *Freelancer* é um trabalhador autônomo que oferece seus serviços para empresas ou clientes pessoa física mediante o pagamento de um valor definido por ele mesmo. Como o *freelancer* não tem nenhum vínculo empregatício, não precisa se dedicar em tempo integral a apenas uma empresa, podendo trabalhar atendendo a vários projetos ao mesmo tempo.

[2] As atividades econômicas permitidas ao MEI estão relacionadas no Anexo XI, da Resolução CGSN nº 140, de 22 de maio de 2018.

[3] O MEI pode contar com os benefícios da Previdência, tais como auxílio-doença, aposentadoria por idade ou invalidez e auxílio-maternidade, entre outros.

ções mais completas, que vão desde os dados do titular até os dados da empresa. Alguns empreendedores optam por colocar o endereço da própria residência como local do estabelecimento. Porém, é interessante saber que existem outras opções de adotar um endereço comercial que não seja a sua casa, com um custo reduzido e que podem ajudar a dar mais credibilidade ao seu negócio, como o escritório virtual, que veremos mais adiante.

Startups

Muitos empreendedores decidem começar um novo negócio criando a sua própria *startup*. O termo *startup* refere-se a empresas que estão em seu estágio inicial de operação e que apresentam um potencial de rápido crescimento e de alta lucratividade, priorizando a inovação em um ambiente de alto risco. O ponto de partida de toda *startup* é criar uma solução inovadora para explorar uma oportunidade ou um problema que ainda não foi devidamente resolvido pelo mercado. É comum associar *startup* à tecnologia, mas não é requisito que este tipo de empresa trabalhe com produtos digitais. O objetivo de toda *startup* é oferecer uma solução inovadora para aproveitar alguma oportunidade ou suprir alguma deficiência que não foi devidamente resolvida pelo mercado.

O grande diferencial de uma *startup* em relação a uma empresa tradicional é a capacidade do seu modelo de negócio ser escalável e repetível, o que a permitirá crescer rapidamente. Como já vimos neste livro, modelo de negócio é a forma como a empresa cria, entrega e captura valor. Ter um modelo de negócio escalável e repetível significa que, com o mesmo modelo, a *startup* vai conseguir atingir um grande número de clientes e ter um crescimento da receita em pouco tempo, sem elevar significativamente seus custos, aumentando assim o seu lucro. Vamos ver a seguir alguns modelos de negócios adotados por *startups* de sucesso:

- **Marketplace** → um dos modelos de negócio mais famosos entre as *startups*, que consiste em conectar a oferta com a demanda por produtos e serviços, cobrando uma comissão sobre as transações que gerar.
- **Assinatura** → o usuário paga um valor fixo mensal ou anual para ter acesso a um conteúdo ou serviço, obtendo assim uma receita recorrente para o seu negócio.

- **Freemium** → modelo de negócio que consiste na oferta de produtos de maneira gratuita, mas com funcionalidades limitadas, e que para ter acesso completo é necessário contratar um plano.

- **Venda de publicidade e anúncio** → modelo de negócio adotado por empresas que possuem uma grande base de clientes ou tráfego em sua plataforma e que vendem espaços para propaganda.

Os empreendedores que fundam suas *startups* buscam a inovação em qualquer área ou ramo de atividade. Existem assim vários tipos de *startups* que são chamadas por meio de nomenclatura com base na área ou ramo de atividade em que elas atuam. As fintechs, por exemplo, são *startups* de tecnologia que solucionam problemas financeiros. As healthtechs, por sua vez, prestam serviços na área da saúde. Já as foodtechs oferecem soluções tecnológicas para o setor alimentício. Há ainda outros tipos de *startups*, como edtech (educação), lawtech (direito), HR tech (recursos humanos), agritech (agropecuário), energytech (energia) e imobtech (imobiliário). Como você pode ver, elas já estão presentes em diversos setores.

Toda *startup* busca, portanto, um diferencial competitivo no mercado para atender a uma área ou ramo de atividade. Esse diferencial é construído a partir da inovação, quer seja no modelo de negócio, no produto e serviço ou uma combinação dos dois. Dessa forma, a inovação está presente no próprio DNA dessas empresas, pois o objetivo delas é encontrar soluções que ninguém havia pensado antes. Mas não basta criar algo novo, a *startup* precisa de um empreendedor com capacidade de executar, assumir riscos e trazer essa novidade para o mercado. Inovação e empreendedorismo se tornam assim ingredientes essenciais para *startup*.

Escritório virtual e coworking

Muitos empreendedores começam seus negócios com recursos financeiros bastante limitados. Em situações como essa em que os recursos são escassos, é sempre importante buscar opções que permitam reduzir custos. O custo com locação ou aquisição de imóvel pode muitas vezes consumir uma boa parte do orçamento da empresa e se transformar em uma dor de cabeça para o empreendedor. Por isso, alguns autônomos, microempresas, *startups* ou, às vezes, até mesmo empresas tradicionais de pequeno e médio porte decidem ter um escritório virtual ou trabalhar em um coworking.

No escritório virtual, você pode dispor de uma estrutura com atendimento telefônico (secretária), serviço de correspondência e recepção, entre outros opcionais. Além disso, contratando esse serviço, sua empresa pode ter um endereço fiscal (aquele que consta na junta comercial) e/ou um comercial (para divulgar para seus clientes) em qualquer lugar do país, sem precisar de uma sede física. A solução do escritório virtual se apresenta, assim, como uma opção de baixo custo, uma vez que os custos dessa estrutura de trabalho são diluídos com outras empresas que compartilham os serviços, sendo que você pode pagar por alguns serviços opcionais apenas quando usá-los (*pay-per-use*).

Já o coworking é um espaço que diferentes autônomos e empresas contratam para ser seu escritório físico, compartilhando esse ambiente entre si. Assim como no escritório virtual, esse compartilhamento proporciona redução de custos. Mas, diferentemente do escritório virtual, a ideia do coworking é que de fato a pessoa vá até lá para trabalhar, ou seja, a pessoa tem a sua mesa de trabalho pelo tempo que durar o contrato (que pode ser de horas até meses de duração). No escritório virtual, essa relação física não existe, a não ser que o pacote inclua a possibilidade de usar salas de reunião durante algumas horas por mês. De qualquer forma, a proposta do coworking é mais do que dividir custos. Quando você contrata um espaço em um coworking, você vai ao local para trabalhar, conviver com outras pessoas, trocar ideias, fazer cursos e networking.

Inovação constante

A habilidade de inovar é um aspecto essencial do empreendedorismo e vital para a competitividade e o sucesso da empresa. Um empreendedor pode até crescer e conseguir um mercado estável para sua empresa, mas se ele não se preocupar em inovar e criar, se esse não for um dos focos da sua política de administração, com certeza virá um concorrente mais dinâmico e inovador para tomar o seu mercado. O sucesso duradouro não está garantido a ninguém que não procurar constantemente mudar e se reinventar. Os taxistas, por exemplo, estavam aparentemente seguros em um mercado regulamentado e foram pegos de surpresa pelas empresas de transporte via aplicativo, assim como os hotéis estão perdendo clientes para empresas que negociam a estadia em casas por temporada.

A inovação está relacionada à capacidade de gerir e explorar novas ideias e conceitos, e gerar soluções para oportunidades potenciais que atendam às necessidades do mercado, tornando-as soluções viáveis (ASSINK, 2006, HULT *et al.*, 2004). O empreendedor pode inovar desenvolvendo um novo produto ou serviço para oferecer para seus clientes, mas a inovação também pode ocorrer no nível dos processos da empresa, do modelo de negócios e até da própria estrutura organizacional. Uma empresa que possui apenas lojas próprias e decidiu expandir seu número de estabelecimentos por meio de franquias está inovando em seu modelo de negócios.

Além disso, a inovação pode variar de acordo com o grau da novidade. Inovações incrementais, com pequenas melhorias em produtos e serviços, são mais comuns, e não trazem grandes novidades. Mas a inovação também pode ser radical, que está relacionada a uma mudança profunda no produto ou serviço, causando um enorme impacto no mercado, como foi o caso da internet. Toda inovação proporciona contribuições para a empresa, independentemente do tipo e do grau. O importante é o empreendedor não ficar parado!

Portanto, o empreendedorismo no Brasil não é somente uma realidade, mas uma forte tendência que deverá seguir em alta nos próximos anos. Empreender é resolver problemas ou aproveitar oportunidades, gerando, com isso, um impacto social positivo, ao mesmo tempo em que dá dinamismo à economia. Sendo assim, existem várias formas de empreender. Você pode abrir o seu próprio negócio, ou, quem sabe, levar a empresa onde trabalha a um outro patamar, contribuindo com suas ideias (intraempreendedorismo). Para você que tem o sonho de abrir uma empresa, lembre-se da frase da empreendedora Luiza Trajano: "Acredite no seu negócio. Se você não acreditar, quem vai?" (ZUINI, 2012). Nossa caminhada juntos acaba por aqui, mas a sua continua. Boa jornada!

GLOSSÁRIO

- **Balanço patrimonial ou balanço contábil** – relatório gerado após o registro de todas as movimentações financeiras de uma empresa em um determinado período. Ele é resultado da análise do patrimônio de ativos e passivos da empresa.

- **Break-even point** – atingir o break-even point significa que a empresa atingiu seu ponto de equilíbrio, ou seja, quando o total das receitas se iguala ao total dos gastos (receita = gastos ou receita – gastos = 0). Portanto, essa importante ferramenta de gestão financeira indica o volume mínimo necessário de faturamento para que a empresa não tenha prejuízo. Quando as receitas cobrirem os custos, é sinal de que o negócio está mais próximo de se tornar seguro e lucrativo.

- **Capital de giro** – valor necessário para que a empresa movimente as operações financeiras do dia a dia e cumpra os compromissos nas datas de vencimento, como pagamento de fornecedores, aluguel de imóveis, compra de matéria-prima, estoques e salários. A gestão desses recursos é crucial, pois permite que o administrador salde as dívidas da empresa, enquanto o pagamento dos clientes (muitas vezes parcelado) não chega.

- **Centralização** – ato de concentrar todas as decisões e tarefas em uma única pessoa. Por exemplo, caso todas as decisões tenham de passar pelo gerente da área.

- **CEO (Chief Executive Officer)** – sigla em inglês que representa o presidente da empresa, ou seja, a pessoa responsável pela liderança de toda a organização.

- **Conciliação bancária** – a conciliação bancária consiste em verificar se as informações que estão no extrato bancário conferem com aquelas que constam no controle da empresa. Esse acompanhamento deve ser diário e permite identificar se algum cliente deixou de pagar e se será necessário acionar o setor de cobrança.

- **Demonstração do resultado do exercício (DRE)** – relatório que agrupa os resultados operacionais e não operacionais da empresa durante um determinado exercício financeiro. Trata-se de uma sequência de cálculos para saber se a empresa está tendo lucro ou prejuízo. Dessa maneira, é possível enxergar a evolução do negócio e descobrir, por exemplo, se precisa de uma injeção de recursos. Pela lei, o relatório é obrigatório e deve ser feito anualmente (após o encerramento do ano-calendário, que é o período compreendido entre janeiro e dezembro de um mesmo ano) para todas as empresas, exceto o MEI.

- **Demonstrativo de fluxo de caixa (DFC)** – ferramenta que controla as entradas e saídas de caixa da empresa durante um determinado período, mostrando os resultados sobre essa movimentação. O relatório é dividido em três grandes contas, que são: atividades operacionais, atividades de investimentos e atividades de financiamento.

- **EBITDA** – indicador importante para ter um diagnóstico detalhado das finanças da empresa – e também para quem quer cortar custos. É a sigla em inglês para Earnings Before Interest, Taxes, Depreciation and Amortization (lucro antes de juros, impostos, depreciação e amortização). É uma forma de medir as condições do negócio com base apenas na geração de receita, sem levar em conta os efeitos financeiros ou o abatimento dos impostos. O EBITDA possibilita comparar riquezas dentro de um mesmo setor e avaliar se sua empresa está ou não abaixo dos padrões do mercado.

- **Empowerment** – termo em inglês que se refere à liberdade das pessoas ou colaboradores de uma empresa para que, nesse caso, sintam-se livres para criar e inovar. Em português, seria "dar poder" ou empoderar as pessoas para que possam ter responsabilidade pelo seu próprio trabalho.

- **ERP** – Enterprise Resource Planning é um software corporativo que melhora a gestão das empresas em virtude de sua capacidade de controlar todas as informações referentes ao negócio, integrando dados, recursos e processos, das áreas de vendas, finanças, contabilidade, fiscal, estoque, compras, produção e logística.

- **Governança corporativa** – estabelece mecanismos de controle que visam garantir que todos os administradores se comportem de maneira adequada, ou seja, eticamente, não desviando recursos da empresa, protegendo as finanças corporativas e, inclusive, os acionistas.

- **Intraempreendedorismo** – empreendedorismo desenvolvido internamente (dentro da empresa) por um colaborador ou funcionário. Profissionais com atitudes empreendedoras têm iniciativa, correm riscos calculdados, são mais flexíveis com as mudanças no ambiente de trabalho e contribuem para a inovação nas empresas onde trabalham.

- **Lean startup** – o método criado pelo guru do Vale do Silício Eric Ries é seguido por startups e também por empresas não ligadas à tecnologia. O princípio básico é simples: lance a menor versão possível do seu produto ou serviço (MVP). Teste o mercado, veja a reação dos consumidores e vá fazendo melhorias até chegar ao modelo mais vendável. Permita-se errar antes de fazer um investimento maior. O ciclo pode se repetir a qualquer momento, especialmente em situações de transição, como a que estamos atravessando no momento, com a pandemia da Covid-19, ou para novas ideias.

- **Market Share** – fatia de mercado (de clientes) que uma empresa conquistou com um determinado produto ou serviço durante um determinado período de tempo.

- **Merchandising** – material promocional sobre os produtos e serviços da empresa. Geralmente elaborado pela área de marketing e vendas.

- **Organograma** – esta ferramenta é muito utilizada no meio corporativo para auxiliar na estruturação dos negócios, tornando os processos e funções desempenhados pelos funcionários mais claros. Existem variados tipos de organogramas, mas, normalmente, eles possuem o formato de gráficos, quadrados ou retângulos, e cada figura representa um cargo dentro da empresa.

- **Peter Drucker** – é considerado o pai da administração moderna. Entendia a administração como a ciência que estuda as pessoas nas organizações.

- **Precificação** – para definir o preço de um produto ou serviço, o primeiro passo é descobrir o custo unitário, que é a soma das despesas com matéria-prima, equipe de produção e impostos pagos para a compra de insumos. Em seguida, analise o percentual dos custos fixos (como aluguel, água, energia, salários, material de limpeza) e variáveis (impostos sobre as vendas, frete, comissões e embalagens) e a margem de lucro que deseja. Depois, aplique a fórmula: Preço de Venda = valor do custo unitário dividido por (100% - percentual das despesas fixas - percentual das despesas variáveis - percentual do lucro desejado).

- **Recall –** do inglês "chamar de volta". Recurso utilizado pelas empresas quando é identificado um problema de fabricação de um determinado produto. Os consumidores são comunicados a respeito do problema e convocados para corrigir ou trocar o produto com defeito.

- **VUCA –** Sigla adotada para designar um ambiente. Volátil: as transformações ocorrem de forma rápida e praticamente irreversível, como nunca visto antes em outros tempos. Imprevisível: as consequências das ações realizadas tornam-se mais imprevisíveis, as regras de raciocínio baseadas em experiências passadas já não são tão úteis, perdendo sua eficácia para tomadas de decisões assertivas. Complexo: a globalização traz a interligação entre diversas culturas, o que torna impossível abranger a todas, produzindo diversas consequências sociais, políticas, culturais e econômicas, que dificilmente se podem antecipar. Ambíguo: as decisões não são uma via de mão dupla, simplesmente.

REFERÊNCIAS

ARISTÓTELES. **Ética a Nicômaco**. São Paulo: Edipro, 2018. 4. ed.

ASN. Brasil registra recorde de empresas abertas em 2020 e alcança a marca de 20 milhões de negócios. **Portal ASN**, 2 fev. 2021. Disponível em: https://www.sebrae.com.br/sites/asn/uf/NA/brasil-registra-recorde-de-empresas-abertas-em-2020-e-alcanca-a-marca-de-20-milhoes-de-negocios,11a6e951de267710VgnVCM1000004c00210aRCRD. Acesso em: 30 abr. 2021.

ASN. Pequenos negócios já representam 30% do Produto Interno Bruto do país. **Portal ASN**, 8 abr. 2020. Disponível em: http://www.agenciasebrae.com.br/sites/asn/uf/NA/pequenos-negocios-ja-representam-30-do-produto-interno-bruto-do-pais,7b965c911da51710VgnVCM1000004c00210aRCRD. Acesso em: 27 abr. 2021.

ASSINK, M. The inhibitors of disruptive innovation capability: a conceptual model. **European Journal of Innovation Management**, v. 9, n. 2, p. 215–233, 2006.

BALARDIM, E. **O administrador do futuro no Brasil:** impactos da tecnologia e as competências mais importantes em 2030. São Paulo: FIA, 2019.

BARBOSA, C. **A tríade do tempo**. São Paulo: Buzz, 2018.

BLANK, S. G. **Do sonho à realização em 4 passos**. São Paulo: Évora, 2012.

BNDES. Porte de empresa. **Portal BNDES**, 22 out. 2018. Disponível em: https://www.bndes.gov.br/wps/portal/site/home/financiamento/guia/porte-de-empresa. Acesso em: 3 maio 2021.

BRASIL. MINISTÉRIO DA ECONOMIA. **NR5** – Comissão Interna de Prevenção de Acidentes. Disponível em: https://enit.trabalho.gov.br/portal/images/Arquivos_SST/SST_NR/NR-05.pdf. Acesso em: 27 abr. 2021.

BUSINESS TERMS. What is organizational culture? **Site institucional.** Disponível em: https://businessterms.org/organizational-culture/. Acesso em: 27 abr. 2021.

CAPGEMINI RESEARCH INSTITUTE. **World Wealth Report 2020**. Disponível em: https://worldwealthreport.com/#. Acesso em: 16 abr. 2021.

CHIAVENATO, I. **Teoria geral da administração**. São Paulo: McGraw Hill, 1993. v. 1.

COHEN, W. **A liderança segundo Peter Drucker**. São Paulo: Elsevier, 2010.

DRUCKER, P. **Management:** tasks, responsibilities, practices. Nova York: HarperCollins e-books, 2009.

DRUCKER, P. **O gestor eficaz**. São Paulo: LTC, 1990. 11. ed.

DRUCKER, P. **People and performance:** the best of Peter Drucker on management. Boston: Harvard Business Review Press, 2007.

FAYOL, H. **Administração industrial e geral:** previsão, organização, comando, coordenação e controle. São Paulo: Atlas, 1990.

FERRAZ JR. Produtividade do brasileiro é a mesma em 30 anos. **Jornal da USP**. 21 fev. 2020. Disponível em: https://jornal.usp.br/atualidades/produtividade-do-brasileiro-e-a-mesma-ha-30-anos/. Acesso em: 5 abr. 2021.

FÓRUM ECONÔMICO MUNDIAL. Annual meeting of the new champions. **Site institucional**. Disponível em: https://www.weforum.org/events/annual-meeting-new-champions-2015. Acesso em: 28 abr. 2021.

FÓRUM ECONÔMICO MUNDIAL. The future of Jobs Report 2020. **Site institucional**, 2020. Disponível em: https://www.weforum.org/reports/the-future-of-jobs-report-2020. Acesso em: 19 abr. 2021.

GARCIA, A. História e evolução da administração. **RH Portal**. 2 set. 2015. Disponível em: https://www.rhportal.com.br/artigos-rh/histria-e-evoluo-da-administrao. Acesso em: 20 abr. 2021.

GEM. **Global Entrepreneurship Monitor 2019/2020 Global Report.** 2020. Disponível em: https://www.gemconsortium.org/report/gem-2019-2020-global-report. Acesso em: 19 abr. 2021.

GROTH, A. Sheryl Sandberg: women need to get more confortable with power. **Business Insider**, 12 fev. 2013. Disponível em: https://www.businessinsider.com/sheryl-sandberg-lean-in-2013-2. Acesso em: 28 abr. 2021.

HALF, R. Cinco habilidades mais valorizadas no mercado de trabalho. **Blog pessoal**. Disponível em: https://www.roberthalf.com.br/blog/carreira/5-habilidades-mais-valorizadas-no-mercado-de-trabalho. Acesso em: 28 abr. 2021.

HAMEL, G. **O futuro da administração**. São Paulo: Campus, 2007.

HICKMAN, A; PENDELL, R. The end of the traditional manager. **Gallup**. Disponível em: https://www.gallup.com/workplace/236108/end-traditional-manager.aspx. Acesso em: 20 abr. 2021.

HILL, N. **Quem pensa enriquece**. Porto Alegre: Citadel Editora, 2018.

HULT, G. T. M.; HURLEY, R. F.; KNIGHT, G. A. Innovativeness: its antecedents and impact on business performance. **Industrial Marketing Management**, v. 33, n. 5, p. 429-438, 2004.

IBGE. Dados gerais sobre empresas comerciais, 2018. **Pesquisa Anual de Comércio**. Disponível em: https://www.ibge.gov.br/estatisticas/economicas/comercio/9075-pesquisa-anual-de-comercio.html?=&t=destaques. Acesso em: 20 abr. 2021.

IBGE. **Demografia das empresas e estatísticas de empreendedorismo – 2018**. 2020. Disponível em: https://biblioteca.ibge.gov.br/visualizacao/livros/liv101759.pdf. Acesso em: 30 abr. 2021.

INSTITUTO ENDEAVOR. O que é empreendedorismo: da inspiração à prática. **Site institucional**. Disponível em: https://endeavor.org.br/sem-categoria/o-que-e-empreendedorismo-da-inspiracao-a-pratica/. Acesso em: 28 abr. 2021.

INSTITUTO SEMESP. Mapa do Ensino Superior no Brasil – 2018. **Site institucional**. Disponível em: https://www.semesp.org.br/pesquisas/mapa-do-ensino-superior-no-brasil-2018/. Acesso em: 19 abr. 2021.

JORDAN, M. The mind of Michael Jordan. **YouTube**. Disponível em: https://www.youtube.com/watch?v=NauAxHkqAyA. Acesso em: 28 abr. 2021.

JORNAL CONTÁBIL. Os principais motivos para as empresas fecharem as portas. **Site institucional**. Disponível em: https://www.jornalcontabil.com.br/os-principais-motivos-para-as-empresas-fecharem-as-portas/. Acesso em: 27 abr. 2021.

KATZ, R. Skills of an effective administrator. **Harvard Business Review**, set. 1974. Disponível em: https://hbr.org/1974/09/skills-of-an-effective-administrator. Acesso em: 28 abr. 2021.

KENTON, W. Organizational struture. **Investopedia**. Disponível em: https://www.investopedia.com/terms/o/organizational-structure.asp. Acesso em: 20 abr. 2021.

KOTLER, P. **Administração de marketing**. São Paulo: Pearson, 2006. 12. ed.

LINKEDIN. **Global Talent Trends 2020**. Disponível em: https://business.linkedin.com/talent-solutions/recruiting-tips/global-talent-trends-2020. Acesso em: 20 abr. 2021.

MÁLAGA, F. K. **Análise de demonstrativos financeiros e da performance empresarial:** para empresas não financeiras. São Paulo: Saint Paul Editora, 2019. 3. ed.

MCKINSEY & COMPANY. **Diversity matters:** América Latina, 2 jul. 2020. Disponível em: https://www.mckinsey.com/br/our-insights/diversity-matters-america-latina. Acesso em: 28 abr. 2021.

OIT. Country profiles: the latest decent work statistics by country. **Site institucional**. Disponível em: https://ilostat.ilo.org/data/country-profiles/. Acesso em: 28 abr. 2021.

OIT. Statistics on labour productivity. **Site institucional.** Disponível em: https://ilostat.ilo.org/topics/labour-productivity/. Acesso em: 28 abr. 2021.

OSMAN, H. **Influencing virtual teams**: 17 tactics that get things done with your remote employees. 2014.

PATEL, N. Tipos de cultura organizacional: quais são e como identificar um. **Blog pessoal.** Disponível em: https://neilpatel.com/br/blog/tipos-de-cultura-organizacional/. Acesso em: 27 abr. 2021.

PEGN. Pequenos negócios já representam 30% do Produto Interno Bruto do país. **Pequenas empresas & grandes negócios.** Disponível em: https://revistapegn.globo.com/Negocios/noticia/2020/04/pequenos-negocios-ja-representam-30-do-produto-interno-bruto-do-pais.html. Acesso em: 7 dez. 2020.

PESSOA, F. Comércio e contabilidade. 25 jan. 1926. In: QUADROS, A. (org.). **Páginas de pensamento político.** Mem Martins: Europa-América, 1986. V. II, p. 131.

PETRONE, P. The skills companies need most in 2019 – and how to learn them. **LinkedIn.** Disponível em: https://www.linkedin.com/business/learning/blog/top-skills-and-courses/the-skills-companies-need-most-in-2019-and-how-to-learn-them. Acesso em: 28 abr. 2021.

PWC. **How can boards tackle the essential eight and other emerging Technologies.** Jun. 2017. Disponível em: https://www.corporatecomplianceinsights.com/pwc-how-can-boards-tackle-the-essential-eight-and-other-emerging-technologies/. Acesso em: 28 abr. 2021.

REVELO. Salários da área de tecnologia subiram em média até 30% em 2020. **Blog institucional.** Disponível em: https://blog.revelo.com.br/salarios-da-area-de-tecnologia/. Acesso em: 28 abr. 2021.

SALES MANAGEMENT ASSOCIATION. Quantifying incentive compensation plan effectiveness. **Site institucional**, 23 maio 2008. Diponível em: https://salesmanagement.org/resource/quantifying-incentive-compensation-plan-effectiveness/. Acesso em: 27 abr. 2021.

SALOVEY, P; BRACKETT, M. A.; MAYER, J (ed.). **Emotional intelligence**: key readings on the Mayer and Salovey model. Nova York: Dude Publishing, 2004

SEBRAE. Empreendedorismo feminino no Brasil. Mar. 2019. **Portal Sebrae.** Disponível em: https://www.sebrae.com.br/Sebrae/Portal%20Sebrae/UFs/GO/Sebrae%20de%20A%20a%20Z/Empreendedorismo%20Feminino%20no%20Brasil%202019_v5.pdf. Acesso em: 28 abr. 2021.

SEBRAE-NA; DIEESE. **Anuário do trabalho na micro e pequena empresa 2013**, p. 17. Disponível em: www.sebrae.com.br/Sebrae/Portal%20Sebrae/Anexos/Anuario%20do%20Trabalho%20Na%20Micro%20e%20Pequena%20Empresa_2013.pdf. Acesso em: 20 abr. 2021.

VILLAS BÔAS, B. Maioria das empresas fecha as portas em cinco anos, diz o IBGE. **Valor Econômico**, 4 abr. 2017. Disponível em: https://valor.globo.com/brasil/noticia/2017/10/04/maioria-das-empresas-fecha-as-portas-apos-cinco-anos-diz-ibge.ghtml. Acesso em: 27 abr. 2021.

ZUINI, P. 5 dicas do Magazine Luiza para os empreendedores. **Exame**. Disponível em: https://exame.com/pme/5-dicas-do-magazine-luiza-para-os-empreendedores/#:~:text=%E2%80%9CAcredite%20no%20seu%20neg%C3%B3cio.,como%20se%20fosse%20a%20primeira. Acesso em: 28 abr. 2021.

WUJEC, T. Build a tower, build a team. **TED Talk**, 2010. Disponível em:https://www.ted.com/talks/tom_wujec_build_a_tower_build_a_team. Acesso em: 28 abr. 2021.

Impressão e Acabamento:

EXPRESSÃO & ARTE
EDITORA E GRÁFICA
www.graficaexpressaoearte.com.br